摩訶毗盧遮那佛

金剛界曼荼羅

胎藏界曼荼羅

日本佛教真言宗高野山派金剛峰寺中院流第五十四世傳法大阿闍梨
中國佛教真言宗五智山光明王寺光明流第一代傳燈大阿闍梨

悟光上師法相

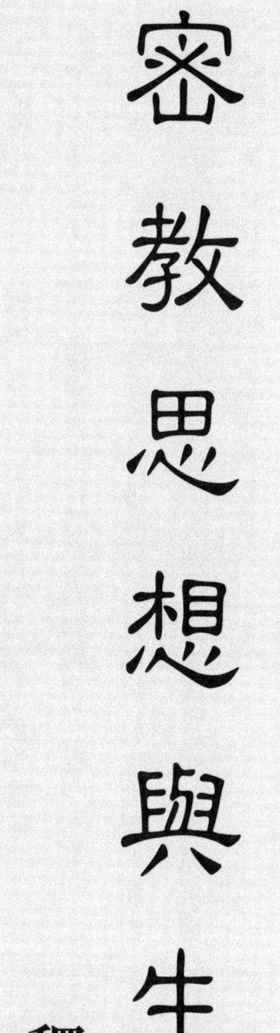

密教思想與生活

釋悟光

圓方立極

「天圓地方」是傳統中國的宇宙觀，象徵天地萬物，及其背後任運自然、生生不息、無窮無盡之大道。早在魏晉南北朝時代，何晏、王弼等名士更開創了清談玄學之先河，主旨在於透過思辨及辯論以探求天地萬物之道，當時是以《老子》、《莊子》、《易經》這三部著作為主，號稱「三玄」。東晉以後因為佛學的流行，佛法便也融匯在玄學中。故知，古代玄學實在是探索人生智慧及天地萬物之道的大學問。

可惜，近代之所謂玄學，卻被誤認為只局限於「山醫卜命相」五術、及民間對鬼神的迷信，故坊間便泛濫各式各樣導人迷信之玄學書籍，而原來玄學作為探索人生智慧及天地萬物之道的本質便完全被遺忘了。

有見及此，我們成立了「圓方出版社」（簡稱「圓方」）。《孟子》曰：「不以規矩、不成方圓」。所以，「圓方」的宗旨，是以「破除迷信、重人生智慧」為規，藉以撥亂反正，回復玄學作為智慧之學的光芒；以「重理性、重科學精神」為矩，希望能帶領玄學進入一個新紀元。「破除迷信、重人生智慧」即「圓而神」，「重理性、重科學精神」即「方以智」，既圓且方，故名「圓方」。

出版方面，「圓方」擬定四個系列如下：

一・「智慧經典系列」：讓經典因智慧而傳世；讓智慧因經典而普傳。

二・「生活智慧系列」：藉生活智慧，破除迷信；藉破除迷信，活出生活智慧。

三・「五術研究系列」：用理性及科學精神研究玄學；以研究玄學體驗理性、科學精神。

四・「流年運程系列」：「不離日夜尋常用，方為無上妙法門。」不帶迷信的流年運程書，能導人向善、積極樂觀、得失隨順，即是以智慧趨吉避凶之大道理。

在未來，「圓方」將會成立「正玄會」，藉以集結一群熱愛「破除迷信、重人生智慧」及「重理性、重科學精神」這種新玄學的有識之士，並效法古人「清談玄學」之風，藉以把玄學帶進理性及科學化的研究態度，更可廣納新的玄學研究家，集思廣益，使玄學有另一突破。

譯者自序

本書是依據日本栂尾祥雲大僧正之遺著《密教思想與生活》乙書譯述而來。此書洩盡象徵密教精神之曼荼羅內容的寓意，並開門見山畢露無疑地論及如何發揮密教精神，及具體表現其意義與價值。能使行者更深入了解密教，免於淪入左道右巫思想，實為大乘行人或修習無上瑜伽者立足之據點。憑此得以正確認識密教之真諦，摒棄神秘外衣，體悟奧秘內容，睜開慧眼，徹見即事而真，當相即道之妙諦，進而達到即身成佛之目的。實是志於修習密教行人務必一讀之書。

經云：「信而不解增長迷信，解而不信增長邪見，一有所偏必入魔道」。世人多趣向神秘中摸索，一言密宗，咸是行符咒水，驅役鬼神之類。密教之儀軌以及修法雖有祈禱儀禮，但是，這些實不可與鬼神憑依之巫師相提並論。大概修學密教者，多被神通所誘，墮失修密真義。須知神通除報通外，乃是精神專注的結果，修行中的副產品，不是行者追求之最終目標。

行者求其往生佛國是種意識改造，須知佛國是自心所現的現實世界。佛法是應機度生之方便法門，不應存有「心外求佛」、「實有佛可見」之謬誤觀念。否則便成隔岸觀佛，形成對立，墮入生佛各別之妄執深淵，如斯，則悟道成遙遠無期了。

宇宙萬物盡是法身佛全一的內容，心者佛之靈體，行為即是佛之妙用。靈肉一如，色心不二，物我一體，悟此水冰一如，生佛不二之理趣；化魚為龍不易其鱗，轉凡成聖不改其面，即為密教之指歸也。然人人皆囚於個我，不知個我即大我之細胞，終日鑽營，以致沉迷苦海。若能依密教之精神，衝破自私之藩籬，伸展於社會人群，在充實自己的同時，去莊嚴全一之內容，則我們當體即是佛了。

本書之論述前後具有一貫性，遣字造詞雖拙，其寓意卻深長，有如細嚼菜根，餘味不絕。請讀者務必從頭讀起，勿任意斷章翻閱，否則將失真意，企望之。

大僧正 哲學博士 釋悟光謹識　一九八三年十一月十日

目次

第一章　密教之精神……31

第一節　密教精神之傳承……32

密教精神與弘法大師・密教精神之授受・密教精神之標幟・惠果和尚之傳承・標幟之五股與塔婆・傳法灌頂的五股杵與塔婆授受・印可之塔婆與金剛杵・密教精神與塔婆・塔之意義與內容・金剛薩埵與五股杵之傳承・阿闍梨之附屬物與五股杵・付法相承的系譜・塔杵與大日金剛薩埵・金剛薩埵與五股杵・塔與五股杵之開敷與繁衍。

第二節　密教精神之本質……41

密教精神與冷暖自知・冷暖自知及其客觀化・冷暖自知與如實知自心・自我之檢討・觀念上之自我與真正自我・普通人之自我觀・如實知自心之意義・真正之自我真相・不得疑之自我存在・真正的自我與大日、大我・真我即其內容・真我之活現即是密教精神本質。
第三節　心塔之開啟……48
「全」是通過個體而活現・個人主義之由來・全與個人之關係・個體主義與全體主義・表現全一的塔之意義與心塔・心塔開啟之秘印・南天鐵塔與心塔開啟・學修灌頂與心塔開啟・心塔開啟之真意義。
第四節　矛盾之超越與克服……55
如何去克服矛盾・矛盾對立存在之意義・矛盾對立之兩面・矛盾對立與動性・矛盾對立之活現・矛盾對立即脱落・密教之二而不二，差別即平等・矛盾對立即全一・矛盾對立與大忿怒降伏・要活現其境。
第五節　秘密之莊嚴……62
矛盾對立與排擠性・生當體之本然姿態・生其物與秘密莊嚴・秘密莊嚴之意義・無論何物不能脱其埒內・生當體之大行進・三無盡莊嚴・秘密莊嚴

住心之內容・活現之力與宿命觀・能生之力與所生之力・各個自建立・秘密莊嚴之不可思議。

第六節　永遠之一瞬……68
自己保存欲之由來・人生是無常・無常之意義・無常觀之缺點・無常即常住・無常之超越・常恆之三世・貫三世的永遠之一瞬・常恆之現在・生存之力與死亡之力・永生，量不如質・永生與大師之無常歌・大師之入定大事・永恆與大師行蹟。

第七節　絕對之價值……75
一切皆有存在之價值・價值表現之種種相・凡物各有任務・反價值之外觀・智識之使命・只有人類才賦予智識・智識與價值之發揮・了解其密號名字之鍵・智識之歪曲與不平不滿・智識之活用與財寶・於天地間有自然之供給・波及個體全一之力・自生與依生・富是天下公有・體認絕對之價值。

第八節　無限之聖愛……82
萬物一體・愛其本性與把握法・天地乃愛之表現・不能把握此愛之原因・個我之本質與其開放・性愛與其傾向・愛之進化・與奪之愛・同體大悲與無限之聖愛・大慈與大悲・無限愛之具現・平等一子之愛・大忿怒降伏之愛・溶入智慧之愛・愛是感化・愛即天道亦人道。
第九節　自由之創造……88
因緣之流轉與命運・自由感之由來・創造之妙機・永恆之一剎那・全與個・密教之遊戲神變・創造與價值・人類價值之創造・人間價值與聖價值・聖之價值創造為供養行・金剛舞戲之供養・供養行與感恩・供養行與努力精進・遊於努力精進・物我一如之遊戲三昧・全之生命燃燒。
第十節　佛陀之聖體……95
佛陀之意義・什麼令釋尊成佛陀・佛陀之本質・照育一切，活現一切・法身或法界・佛陀聖體之神秘・大日如來之義・大日如來之色身・萬物之母體即創造主・全一之道與個體之道・理具之佛陀・加持之佛陀・顯得之佛陀・五股杵上之全一與個性・以密教立場所見誠之道・密教人之使命。

第二章　密教之表達……103

第一節　密教精神之表達……104

密教精神與其渾融性・其體驗與表現之衝動・依表現而體驗完成・表達之工具即語言文字・密教象徵之特質・世間普通之言語文字與真言陀羅尼・一相一義與一字含千理・密教事象之表達・靈山會上之拈花微笑・證上融萬法・密教的象徵與密教藝術・密教藝術之使命・密教藝術與解神秘之鍵・佛像與一般藝術品之相異。

第二節　言語之表達……111

神秘一如之體驗與普通之表達・精神表現法與真言陀羅尼・真言陀羅尼之成立與異稱・純正密教之真言內容・真言之消極構成法・其法缺陷・真言之

積極構成法與其象徵・此等之圖示・真言念誦與體得法・真言與梵文之關係・一切言文悉是真言。

第三節　手勢之表達……117

手印之由來・手印之意義・兩種手印・自然之手印・關於施無畏印之傳說・技巧手印之發展・印母・十二合掌・六種拳・單手拳・雙手拳・手印之意義・塔印・外五股印・手印與真言。

第四節　事相之表達……126

流動性之體驗與表現・表現活動與事相・基本之三昧耶形・月輪之意義與內容・月輪中之三昧耶形・蓮花座之意義與由來・蓮花上之三昧耶形・蓮花與月輪何者為主・三昧耶形之內證與把握・無實義之事相與三昧耶形事相・三昧耶形成立於事理不二之上・三昧耶形之真意義。

第五節　六大之表達……133
六大之原始意義・般若思想與六大之否定・六大之再檢討・於大日經之五大・五大與一切字門之五義・一切智門之五義與五字・五字與四魔降伏・五字與五字明・五大之圖示・五大與六大・大師之六大觀・密教六大之意義。

第六節　五輪寶塔之表達……141
五輪之意義・輪層之表現・密教之五輪五形・密教獨特五形之由來・水輪為圓、風輪為半月之原因・空輪為團形之經過・密教之五輪標幟・五輪塔與寶塔・寶塔之由來與發展・五輪塔之由來與發展・事相上之塔印・五輪塔之特別傳播情形・五輪塔之形式與推移。

第七節　聖像之表達……150
聖像之特質・佛教聖像之由來・密教之聖像・身色之意義・五色與五佛・五色配五方・愛染明王與身色・不動明王與身色・光輪、光燄與火燄・聖像之顏色・多面多臂之象徵・聖像之超越性與人間性・聖像理想的表現・聖像之精神化。

第八節　曼荼羅之表達……157
密教之精神與曼荼羅・曼荼羅之語義・曼荼羅之內容・曼荼羅之個與全・曼荼羅與三無盡藏・三無盡莊嚴與四種曼荼羅・四種曼荼羅與宇宙實相。

第九節　秘密莊嚴之曼荼羅……163
基本之曼荼羅・胎藏之意義與內容・秘密莊嚴之曼荼羅・現圖之十二大院・八葉九尊・持明院・遍知院・佛部大定曼荼羅・金剛手院與觀音院・三部曼荼羅・曼荼羅動之方面・釋迦院・向上進取之曼荼羅・最外院・秘密莊嚴曼荼羅之要諦。

第十節　五股金剛之曼荼羅……170
金剛界曼荼羅與五股金剛・五解脱輪・永遠不滅之世界與阿閦佛・阿閦佛

與其四親近・絕對價值世界之寶生佛・寶生佛與其四親近・正智聖愛之世界與阿彌陀佛・阿彌陀佛與其四親近・自由活動之世界與不空成就佛・不空成就佛與其四親近・神秘一如之世界與大日如來・大日如來之開與合・五佛十六尊與十六女尊・妙用能力之女尊・互相供養之妙諦・金剛界三十七尊・賢劫千佛與五類諸天。

第三章　密教之特質 …… 179

第一節　密教存在之意義 …… 180

密教存立之意義與特質・其特質之鮮明法・密教之成立與當時之印度情勢・即身成佛為立場的密教・於印度之顯密二教判・中國之一乘教之密教・中國密教與弘法大師・大師當時日本佛教之大勢・大師之一乘對密教・顯密二教論之成立年代・立在新見地十住心之教判・十住心論等之成立年代・密教之特質與秘密莊嚴・恆沙已有之無盡莊嚴・特質之發揮是存在之意義。

第二節　顯教與密教……188
顯密二教判之由來・印度密教之二教判・密教或秘密教之名稱・秘密教與真言宗・依大師的顯密意義・真言宗是秘密深奧之教・法身說法之立場・顯教之法身與密教之法身・果界不可說與顯密二教・成佛遲速與顯密二教・教益勝劣與顯密二教・二教論之教益殊勝論・密教限於上根上智之說・機根不限於固定之人・此等即是顯教與密教之分歧點。
第三節　十住心之綱格……196
顯密二教判外有十住心判教之必要・教判之橫豎名稱・橫平等豎差別之二種教判・十住心根據源自大日經・大日經之文相與文底・貫天地之真我身心・真我內容之秘密莊嚴・心續生是諸佛之大秘密・心續生與十住心・貫串十住心者即如實知自心・十住心之對內及對外・對內方面之十住心・對外方面之十住心。

第四節　人道教與密教……205

人皆以個體為獨存之觀念・異生羝羊之意義與內容・始終如動物生活・弱肉強食・教起之因由・方便之教化・諸惡莫作與五常五戒・眾善奉行之施予・善心之發芽・愚童持齋之意義與內容・種子、芽苞・葉、敷花、結果之六心・三皈依之信・三皈依與五戒・密教精神之五常五戒・密教與治生產業。

第五節　生天教與密教……211

永生之欲望與生天教・印度之三界二十八天・長生不死之仙道・厭下欣上之觀・生天之動機與迷妄之世界・嬰童無畏之意義與內容・基督教之神・生天教之地位・為教化此等之方便・密教之方便化儀・法身啟示之升天教・大師所說生天教之生起・諸天鬼神之真言旨趣・諸天亦是入密之方便。

第六節　二乘教與密教……218

迷界解脫之要・聲聞乘之意義與內容・唯蘊無我・四聖諦觀・苦與集・道

與滅・聲聞與獨覺・獨覺或緣覺之意義與種類・拔業因種・十二因緣之圖式・十二因緣之意義・十二因緣與拔業因種・聲緣二乘之地位・密教精神與聲緣二乘。

第七節　三乘教與密教 …… 225

三乘教之由來・自心內容之眾生教化・他緣大乘之意義・他緣大乘之法相宗・法相大乘之唯識觀與其他・法相大乘之八識建立・唯識緣起說・共業與不共業・萬法所依之真如・善惡之種子，五性各別說・三乘真實，一乘方便・法相大乘與三論大乘・心有境空與心境俱空・因緣之中道・相宗與性宗・覺心不生之意義・八不正觀・三論大乘，不拒三乘・主拂心外之塵・依密教精神的法相三論。

第八節　一乘教與秘密教 …… 235

此處之所謂一乘教・天台一乘之立場・十如是・三千之數目・圓融之三諦・一道無為之意義・一道無為之內容・一道無為心之異名・三千三諦與法華

經・日蓮宗之三大秘法・天台教義之地位・性具之法門與性起之法門・法愛生與警覺開示・警覺開示之極無自性心・真如隨緣之極無自性・性起法門之圓融無礙・法界緣起・性起法門之地位・密教之特質・依從密教精神之天台華嚴。

第九節　達摩禪與密教……243

禪定之意義・禪之種類・達摩禪之由來・達摩禪之淵源・達摩禪之傳承・大師入唐時達摩禪之情勢・大師對禪之關心・密教與達摩禪之交涉・無相禪與有相禪・南頓北漸・頓悟與漸修・禪經驗之描寫・剎那心之修煉・與達摩禪相對之秘密禪特質・一行禪師之密教・一行禪師在密教之地位・大師對達摩禪之見解・於大師判教之達摩禪。

第十節　淨土教與密教……253

此所謂淨土教・強調西方淨土之所以・密教之西方淨土・淨土思想之由來・淨佛國土與淨土往生・淨土思想與末法思想・密教與末法思想・淨土觀與

念佛・般舟三昧・善導之稱名念佛・大師之淨土教・飛錫之念佛思想・大師之判教與淨土教・密教之淨土地位・大師以後之淨土教・闡釋淨土教之覺鑁與道範。

第四章　密教之安心……261

第一節　密教精神與安心……262

密教精神與密教安心・普通人之安心與宗教・密教之安心問題・密教安心與感性之處理・安心之意義・安心動機之四苦八苦・安心與釋尊。

第二節　安心思想之由來……268

佛所教安心之道・佛滅度後之形式化與求那跋陀羅之東來・達摩之渡來與安心・大乘安心之法・禪要與安心・安心法與念佛法・稱名念佛與淨土安心・一行禪師之入密動機・大日經住心品與一行之安心觀・密教安心史上一行之功蹟・一行之安心觀與弘法大師。

第三節　弘法大師之安心觀……………………274
大師之安心觀・大師之如實知自心・淺深十重之安心說・最高至上之安心・秘密莊嚴安心之內容・秘密莊嚴之意義・秘密莊嚴安心之內外二方面・大師之安心與行蹟・大師之安心與修養・大師之安心與國家觀・大師之安心與教化法。
第四節　大師以後之安心問題……………………281
生得安心之氛圍氣・其氛圍氣與祈禱佛教・淨土思想之興起與覺鑁上人・淨土教之獨立與道範・憲深之密教安心法・我寶之三根安心說・對三根安心說之批判・仟遍之定散二種安心法・對此之批判・日本德川時代之安心問題論議・種種的安心說・懷圓之二根安心說與批判・對宜然等安心說之批判・日本明治維新之口傳布教・時代之要求與密教安心鈔・布教會議與安心章之編纂・密宗安心教示章與服部鑁海僧正。

第五節　密教安心之總別……291
服部鑁海師之總別安心說・其批判・總別安心之真意義・中國天台之總別安心・淨土宗之總別安心・密教之安立無量乘與總安心・密教之總安心與大眾教化・秘密安心之一貫性・依上下二根別安心說之批判・安心之向上性・安心之向上與三力・密教安心之體得。

第六節　密教安心與標語……299
密教安心之樞軸・密教安心古來之標語・不二安心・無相安心・𑖀字安心・菩提心安心・如實知自心・三力安心・秘密莊嚴安心・此等之標語與統一・標語之本質・歷來密教標語之批判・什麼標語才適切・遍照金剛之標語與適應性。

第七節　密教安心與信心……306
安心與信心・信之一般性・宗教信之特質・密教安心之信・深信之意義・信解之內容・信解與深信之關係・密教安心上之深信與信解・拔疑後之諦

信不動・我即法界之具體把握・密教安心之內信與外信・我即佛之信念與普敬・普佛之信仰。

第八節　密教安心與本尊……311

本尊之廣狹二義・守護本尊與古佛像・陣佛與其事例・寺院中本尊多樣之因由・密教安心上貫通內外之真佛・密教內之本尊・密教外之本尊・他宗本尊與密教之三種本尊・密教本尊之多樣與統一論・表現體與實體之區別・念持佛與根本佛・密教之念持佛即至根本佛之方便。

第五章　密教之修養……319

第一節　修養之概說……320

修養之意義・修養之工夫・密教經軌之修養法・修養永無畢業之日・修養之內外二方面・內修養法・外修養法・兩種修養法之關係・修養之身體實義・身體是盛納精神之器・物心一如之活現・自覺與覺他・成佛之完成與

未完成・個人與集團之修養。
第二節　真佛之把握方法……326
真佛之當體・一般之認識・真佛之把握法・密教之三摩地法・密教中明示三摩地法・密教三摩地法之特質・阿娑頗娜迦三摩地・不空三藏對此之見解・空定之達摩禪，心虛之定與心實之定・有相觀之由來・密教之有相觀・事理一如之具體觀・真佛把握之要領。
第三節　觀佛之修養……333
瑜伽三摩地之直觀法・心鏡上之念像・念力之三念、六念、十念・念佛三昧之發展・佛像之由來・念佛之助道與觀像・觀佛三昧海經之觀像法・觀佛三昧海經與金剛頂經・兩經之立場與相異・大日經之神變化儀・飛錫之念佛觀・我即法身觀・佛與佛之協同社會・曼荼羅世界之顯示・密教之觀佛實相。

第四節　觀法之修養……341
觀法的必要・法身之功德法與實施與實相法・教法法身與真如法身・密教之法身觀・依人法一體觀佛與觀法・月輪觀之意義與內容・月輪觀之方法・阿字觀之意義與內容・種字觀與字輪觀・三形觀之意義與內容・法身佛法之表現與人之表現・本尊與轉成法・轉成法之五相成身觀・種三尊觀之由來・密教之觀法要諦。
第五節　念誦法之修養……351
佛名念誦之由來・佛名念誦之功德・稱名念佛與真言念誦・純正密教之念誦・口誦與念誦・心想念誦・於心想念誦之對立念誦與絕對念誦・對立念誦之字念誦・聲念誦・句念誦・命息念誦・對立念誦與洛叉・現世利益之成否與洛叉之意義・絕對念誦與密教體驗・密教念誦目標。
第六節　供養法之修養……359
供養之意義・對釋尊之四事供養・釋尊對於迎請供養・佛滅後之塔供養・

塔供養之有無功德・法供養之思想・密教之法供養・密教之供養雲海思想・事理一如之遍法界供養・密教之迎請供養・十八道立之供養法・護身法與其精神意義・六種供養與其精神意義・密教之護摩供養・密教之供養與修養。

第七節　法會儀式之修養……367

宗教儀禮之意義・由個人佛至社會佛・釋尊之説法化儀・化儀會式是心與心之相繫紐帶・佛之入涅槃與會式・印度之行像會式・印度之權沐會式・密教之灌頂會式・會式之變遷推移・曼荼羅供與付法要之會式・誦經中心與講式中心之法會・淡路之巡遷辯天・西大寺之會陽・會式與心之融合氣氛・會式與時代性。

第八節　日常行事之修養……375

修養之流動性與日常行事・日常行事之全體性・人生之意義・受食五觀・施身方便・施身之戒行・參與法身之聖業・此處之小我脱落・捨身行之歪

曲・捨身行與忠誠報國・一日不作、一日不食・勞動其物與隱顯・作事無高下・密教精神之具現。

第六章　密教之生活……381

第一節　密教生活之由來……382
靈肉之調和・普通一般生活・一般生活之反省・釋尊與其生活・僧團生活與戒律・佛滅後之孤獨佛教・密教之物慾觀・物慾之活現法・密教精神與生活・密教之帶妻生活與獨身生活・出家之意義變遷・密教生活與其姿態・密教生活之樣式・密教與無礙生活。
第二節　密教與國家生活……389
天壤無窮之國家・轉輪聖王之思想・依密教看國家・領袖與官民・領袖與大日金輪・密教與印度、中國・密教與日本・四海領掌之大事・大師與鎮護國家・宇多法皇與王法密法不二・後宇多法皇與密教・神的密教精神。

第三節　密教與供養生活……396
人容易忘去恩惠・聖王之治世與幸福・互相扶助與互相犧牲・生命之生長與犧牲・細胞之新陳代謝與社會生活・一切皆互相之供養・能供所供皆是絕對・互相供養與各自之使命・各個職能者之一大合唱曲・資生產業即佛法・國民之使命・犧牲之真意義・真正之幸福・供養之人生。
第四節　密教與道德生活……403
菩薩新教團之密教・密教道德根幹・譏嫌戒之十戒・密教道德與善巧方便・密教道德與底哩三昧耶經・印度之大乘密教教祖因陀羅部底・善無畏三藏之逸話・小乘律與密教・密教道德之重罪與小乘佛教之重罪・密教之沒栗多戒・密教道德與精神主義・中國與日本之密教教團・大師對戒律之態度・大師與三昧耶戒・三昧耶戒之精神・大師當時之社會與密教教團・明治維新與出家之解散・現代之出家在家一體。

第五節　密教與家庭生活…………………………………… 410
小乘佛教與家庭生活・大乘佛教之興起・出家之意義變遷・小乘佛教之拘囚・出離與現實・勝意與喜根・婼女伐蘇密多・大日經與家庭生活・印度之密教祖師與帶妻・家庭生活與密教生活・家庭生活之歪曲・女人禁制之緣由・其取置方法・獨身生活與家庭生活之功過・密教精神之成就。

第六節　密教與寺院生活…………………………………… 417
釋尊當時之寺院與現代之寺院・僧院之由來與變遷・中國與日本之寺院・日本寺院建立之動機・神宮寺之由來・祈願寺與菩提寺・唐招提寺與法隆學問寺・寺院與職掌・日本之帶妻寺・寺院民眾化・寺院與俗家之類接・貴族之別莊寺院・寺院出家在家一體生活・日本寺院之特質・密教精神與寺院生活・寺院住持之使命。

第七節　密教與服裝問題…………………………………… 425
服裝之重要性・有關服裝律行派之見解・服裝與社會・釋尊與服裝・福田

衣之由來・三衣以外之服裝・福田思想與衣體・衣之供養・粗衣至於美服・密教與王侯貴族之風尚・大師時代之服裝・教化之服裝・中國日本考案之服裝・服裝之革新。

第八節　密教與酒肉問題……431

密教精神與物質之兩面・不飲酒戒之由來・祇陀太子與飲酒・末利夫人與飲酒・為成就周圍以飲酒・遮罪與飲酒・大師當時對酒之情勢・密教寺院與酒・三種之淨肉與大乘之禁肉・肉食與菜食是程度問題・食肉不可之處・日本之獸肉禁・古事談之傳說・酒肉與其周圍之情勢。

第九節　密教與教化問題……441

教化之根據・如何去教化・釋尊之教化法・四阿含與隨機說法・教化與方便・大日經佛之化儀・教化與一貫性・大師之十住心與教化・教化之種類・佛教之福利事業與教化・大師與社會事業・社會教化與密教教化・密教教化與祈禱・其他之密教教化事業。

第一章　密教之精神

第一節　密教精神之傳承

秘密佛教，簡稱為密教。若問及其真精神是什麼？就極其漠然了。如要闡明其真精神，不能只依言詮，而必須要貫徹密教之始終，由其母體以致原動力到心魂。

弘法大師云：「秘藏奧旨，非得文為貴，旨在以心傳心。文是糟粕，文是瓦礫，得糟粕、瓦礫，即失其『粹實』、『至實』。」這「粹實」、「至實」即是密教精神。

弘法大師為體證這個「粹實」、「至實」的精神，於桓武天皇延曆二十三年，冒渡海之險入唐。翌年，入青龍寺東塔院，幸奉得大阿闍梨惠果和尚。八月上旬受和尚付法，正入傳法灌頂壇，體得了密教奧旨，把握了這精神的「至實」。

密教精神之授受

這種超越言詮的秘藏奧旨，是如何授？如何受得呢？依善無畏三藏言：「此如來秘傳，不在翰墨所表，故寄意於圖像以示行人，若欲得奧義，自當默識而已。」

密教精神之標幟

弘法大師自此傳承了這師資面授的消息：「秘藏深玄，不載於翰墨，只借圖像，開示令悟。但於經疏中秘略之，只寓意於圖像中。圖像所示的種種威儀、種種手印，是諸佛菩薩大悲心的流露，瞻仰敬禮者，可以成佛。密藏真諦在此，如棄去傳法、受法，何求？」

惠果和尚之傳承

因此，惠果和尚召了李真等畫工十數人，圖繪了胎藏界與金剛界曼荼羅，又令鑄造博士楊忠信等新造五股金剛杵等法具，傳給大師。

標幟之五股與塔婆

來自大師相承的圖繪曼荼羅中，指示了「粹實」、「至實」的密藏奧旨之三昧耶形，即以標幟者，就是三昧耶曼荼羅。三昧耶曼

傳法灌頂的五股杵與塔婆授受

印可之塔婆與金剛杵

密教精神與塔婆

荼羅中的根本佛——「大日如來」之真精神，是用什麼來象徵呢？如左頁圖即是：蓮台上橫置五股金剛杵，其上繪塔形。

師資面授此秘藏奧旨之密教獨特儀式名「傳法灌頂」，自大師傳承至今仍然繼續不斷。依據「初後夜作法」，阿闍梨對受法者，授與五股金剛杵，其上制底（caitya）即觀想塔形，這可以證明三昧耶曼荼羅的中央——大日如來三昧耶形為觀想旨趣。

在其灌頂時，為認證受法者已體悟密教之真髓，成為第二之阿闍梨，於此授與印可。這印可之事相，因流派不同而有異，然通觀而言，不論任何流派，都用塔婆及金剛杵為標幟而授與印契，作為印可之象徵。

由此看來，要體悟密教之真髓、秘奧與真精神，就非從其標幟——塔婆（stūpa）與五股金剛杵的內容去體驗不可。至於其所體驗

的內容為何？及如何用塔婆或五股金剛杵之形來表徵之？又如何用手指、依真言象徵等細節問題，留後再談，此處只從塔婆或金剛杵略窺其內容之端倪。

塔之意義與內容

以塔婆來說，塔婆即是一切萬物的本質或根源，是象徵照育一切萬物、一切物之活現「生」命的全一靈體大日如來之標幟。這全一靈體大日如來，為何用塔婆來表徵之呢？塔婆梵語是 stūpa，又名制底（caitya），意譯為「積聚」或「聚集」。大日如來乃是久遠劫前，不斷地創造再加創造，積聚而又聚集，以過去之輝煌功德行蹟為基本，更伸及未來，活現一切於過去，積聚盡未來劫之一切功德行蹟的當體故也。

然《金剛頂經》云「加持標幟之制底，修習自身成金剛界」。又《分別聖位經》云「毘盧遮那（vairocana）之聖眾集會，即現證窣覩婆（stūpa）也」。這制底暨塔婆不外是金剛不壞之永遠世界活現之大日如來自身。同時也是所包容的一切萬物，「聖」的自己功德聚之集會。

其次，五股金剛杵，於傳法灌頂之正覺壇，阿闍梨將此五股金剛杵授與受法者時，說：「為成如來體性故，授汝金剛杵。」又言：「汝今起成為金剛，成為三昧耶之薩埵，即金剛薩埵也。」等之真言加持受法者。由此加持上看，可以明白此五股金剛杵乃是大日如來的妙用，表示「永遠」、「聖愛」、「價值」、「創造」及「一如」的五義、五世界。同時也表示依各個人的立場將這大日如來之全一的五義、五世界，去具體展開金剛薩埵（vajrasattva），如此即成為永遠不滅的「無限人」了。

「金剛薩埵」一詞，就是指「活現於無限」的人，並不是指特

金剛薩埵與五股杵之傳承

阿闍梨之附屬物與五股杵

付法相承的系譜

定的菩薩。所以無論何時何地，若有「活現於無限」的人，他就是金剛薩埵，也就是繼承全一的大日如來職位的人。故《金剛頂經》云：「為表示此傳承，大日如來為活現普賢行願的菩薩，授與此五股金剛杵。依此，稱此菩薩為金剛薩埵。」

今尚如昔，在舉行傳法灌頂時，阿闍梨將自己之附屬物——五股金剛杵，授與受法者，且曰「此乃一切如來之大智金剛也，此即諸佛之本性也。大日如來授與金剛薩埵，金剛薩埵授與龍猛菩薩，龍猛菩薩授與龍智，如斯相承不絕，汝堅護三昧耶戒（即本誓）正常受持可也」等之教誡。

這點，從佛教開展的歷史來看，意味着金剛薩埵之釋迦牟尼佛與其繼承者龍猛之間，龍猛與龍智之間，相隔都有數百年之久。對於這種時間上的疑難，若以「凡能有限即活現於無限者，悉稱為金剛薩埵」為依據的話，那麼不只釋迦牟尼佛，就是活現了密教精神的龍猛菩薩、龍智阿闍梨等也都是金剛薩埵。而活現於無限的人，亦即是繼承大日如來職位的人。這些密教精神的活現者，不論從信仰上、開展史上的角度來看，將他們列入傳承系譜，都沒有任何矛盾之處。

總之，塔婆是象徵包容所有一切，金剛不壞之永遠世界的活現之大日如來的全一性。而五股金剛杵是表示其妙用之五義、五世界，且在其具體展開上，更將此五股金剛杵作為金剛薩埵的標幟。金剛薩埵是依各個立場時時刻刻地活現了「永遠」，在事事物物上發揮了絕對至上的「價值」，以無限無窮的「聖愛」去攝取一切，隨時隨地日新月異的自由「創造」等四義、四世界。把此四義、四世界成為一個「一如」，即所謂五義、五世界也。

金剛薩埵與五股杵

塔與五股杵之開敷與繁衍

此金剛薩埵是以左手作慢印安腰，右手執五股金剛杵當胸，作抽擲之勢而住者。以左手作慢印表示不畏於任何艱難險阻，顯出不屈不撓的大自信；以右手抽擲五股金剛杵表示奮起，展開「永遠」、「價值」、「聖愛」、「創造」及其「一如」的五義、五世界。

這種由大日如來、金剛薩埵乃至龍猛、龍智所傳承的密教精神，在往後各節裏將從各種不同的角度去闡述。所闡述的也是為了要徹底了解塔與五股金剛杵的內容而已。本章中《密教精神之本質》、《心塔之開啟》、《矛盾之超越與克服》、《秘密之莊嚴》等四節，在說明以塔婆象徵大日如來的全一性，而《永遠之一瞬》至《佛陀之聖體》等五節，是解說其全一性中所包容的五義、五世界及從各個立場所具體展現的，以示金剛薩埵的精神。此五節亦即是五股金剛杵所標幟內容的種種展開說明。

第二節　密教精神之本質

密教真精神的體驗是冷暖自知的，從《金剛頂分別聖位經》中所説的就可以明白。這是宣揚如來秘奧之體驗世界、以體悟達到自證自覺之悟的境地法門，這法門謂之密教。

所謂「自證」、「自內證」、「自覺」等名詞，梵語是波羅底耶怛麼（pratyātma），意譯為「徹悟自己的心魂」；其「自覺」或「自證」的內容無法用言語文字來説明，但確實是內心的事實，明白地把握着其實體而已味得的實在。此又可以見諦（tattvadarcana）或菩提（bodhi）或三菩提（sambodhi）等語來表示。

《大日經疏》云：「心自心證，心自心覺。」或「此自證之三菩提是出過一切之心地，乃至言語盡竟，心行處寂」，這即是指密教精神當體的冷暖自知之境地。

冷暖自知及其客觀化

可是此冷暖自知之境地，無論怎樣地幽玄深遠，若只是個人自內證的體驗也是枉然。因為這僅是其個人主觀的體驗，而沒有向外擴展，改善客觀的一切，包容一切。所以要如實地體達密教真精神，非得要完成「自證為自證」、「以悟為悟」，將主觀伸於客觀，客觀來應主觀，主客一如，內外一體的真實相不可。

冷暖自知與如實知自心

因此，密教之根本經典《大日經》亦云：「此冷暖自知之悟，即是將菩提之本質說明於客觀。云何菩提？如實知自心也。」「如實知自心」一語確實隱藏了極深遠的意義，大師基於這一句，組織了「十住心」的教判，窮究了密教的精神。

自我之檢討

總之，為要如實把握「自心」，真正體悟其本質，非將其自心的根本——「自己」或「自我」拿出來檢討不可。在日常生活中，

觀念上之自我與真正自我

「自己」相對於某事物間，有所謂「我見」、「我聞」、「我思考」等。但是在真正完全燃燒自己的生活中，真正作用的只有「見」、「聞」、「思考」等感覺活動而已，並沒有「自己」或「自我」的意識存在。若對「見」、「聞」、「思考」等的「全現實」，加以反省分析時，其能見所見、能聞所聞、能思所思，才變成相互對立，從此，才有「自己」或「自我」的感覺。這自我的意識必須預想自他，若無自他的對立觀念，就不能起「自我」意識了。

這「自己所見」、「自己所聞」、「自己所思」等的自我意識，只是對「見」、「聞」、「思」等之全現實加以分析反省時的抽象觀念而已，並非真正有個「自我」。所以佛說「無我」其理在此。若超越了自他對立的自我意識，將見、聞、笑、泣、忿、怒、思考等所有一切，成為自己的內容，完全一如地活現時，這活現的感受，活現的意識，才是真正的「我」，才是「大我」。

普通人之自我觀

可是常人無法體悟到「所有一切」是自己之內容當體活現的實相，而偏執於某一局部，以分析的方法，抽象化地認為自他對立所起的觀念上之「自我」為真正的「我」，妄信其為實在，在其上起了種種迷執、種種煩惱。大師說：「一切世間，唯計有我我所，但未證其實義，只有大日如來於無我中得到大我。」即此也。

如實知自心之意義

由此可知，《大日經》所云「如實知自心」的自心，決非自他對待觀念上的「自我自心」，而是指超越了自他對立之活現一如的「生」。其所以名「心」，不外是指感悟到全一的「生」、「永生」的宇宙大生命而已。

就「生」的內容來看，言心、言色（物）、言身，都是完全一體、一如的，決非個別對立的。因此大師說：「色與心雖是別名，卻是一體的。」又說：「知心無量，故知身無量。」

這個「生」之全體心、超越心，是以所有一切為自心之內容而活現的。所以山河大地、三種世間等，宇宙森羅萬象無一不被包容，無一不是「生」的顯現。換句話說，對客觀界的所有一切心、一切色（物）與一切身，能夠悉知悉見，才是真正知自己，才是真正覺了自心之真實相，才是真正體得「生」其物的本質。

像這樣，一切「見」、「聞」、「思考」……等都是「生」其物的顯現與內容。內容中的一切事物，無論如何地千差萬別，都是不失其全一體性，彼此相攝相即，在持與被持的關係中存在着。由於「生」當體的活躍，「生」的活現永遠持續而轉化，恰如水流般，應境隨緣任時任地流動變化，而不知其盡處盡時。這就是「生」當體的實相，亦即是真正「我」的姿態。

不得疑之自我存在

這個真正之「我」中的一事一物，由動面來觀察，是生滅、轉變、無常的。現象中的一切都在刹那生滅變化，有與無、真與偽等皆無自性，沒有固定不變之「相」。因此，對所有一切的有、無、真、偽等都會興起不實的疑問。但是對於包容了「有無」、「真偽」之一切的總體——「生」其當體，即是真正的「我」是不容置疑的。

真正的自我與大日、大我

善無畏三藏言：「我即是此一事，真實不虛。」這裏所說的我，決非自他對立抽象觀念的「我」，而是指包容所有一切而一切完全活現於一如的生其當體的「大我」。這「大我」即是永劫之法身，是摩訶毘盧遮那（Maha-vairocana，大日）。文中的「我」即是「肯定我即法界」、我即毘盧遮那、我即是普門諸身也。所以言體達了「毘盧遮那」即「生於大我」等，皆是意味着「生」的當體，而這些也都是以各種角度說明「一事」的內容而已。

真我即其內容

真我之活現即是密教精神本質

除此全一而一如活現的「生」之外，別無另一個真正之我，能以自己之內容去變現創造所有一切。在「生」變現、創造的當時，就於「生」所活現的「自己內容」中起了反省、分析、批判，整理統制所變現創造的一切。在此反省、分析、批判的機能上，勿論現見的一切事物，就連其自身亦隨而「物」化而客觀化了。在變現創造的當時，是以這樣的方法去處理現見的一切。但是純粹主觀的「真我」，卻常在超然的立場，以批判者的地位去反省、分析、批判而取捨。並隨時隨地應現「理想」，去改進現實、革新現實，使生於無止境。

弘法大師說：「要如實體悟，雖有能所二生，總是絕能所。」雖然包容了能所，卻是超然而迴絕一切對立。在反省一切，批判一切的當中，照了一切，活現了一切。融剎那於永遠而無限的活現之

「生」（大我生命）的真相，才是密教精神之核心或本質。

第三節　心塔之開啟

「全」是通過個體而活現

「生」其物當體的真我，雖然以一切為自己之內容而活現着，卻不是漫然地生存。而是依各個個體的立場作基本點，次第向外伸展，在廣為包圍的環境中全一地活現着。所謂生命顯現的法則，是將此個體或肉體作為基點媒介，去接及其他的一切，活現一切。同時他的一切通過這個體或肉體，而脈動其內心底深處，才感悟到真我。

個人主義之由來

依此為基點或出發點的個體或肉體，其有關的感覺是極其敏銳的，這乃是因比對他物的關係較為直接而切實的緣故。因此自然地會集中所有感覺去關心個體或肉體，而誤認此肉體是自己或自我。

全與個人之關係

由此誤認，遂分別自他，主張個我。為要保護此「個我」、「肉體我」，就開始為衣食而忙碌，任意作為，妨礙他眾而不自省，只知恣縱我慾，沉溺於煩惱而不自覺。

但是從「生」當體實相來檢討時，如同個我的肉體是由無數之細胞所組織的一樣。宇宙之一切為自己之內容而躍動之靈體大生命，也是由無盡無數的個體所組織的。在這樣不可須臾分離的有機關係下，「一如」且「全一」地活現着，這才是真正之我的姿態。同時為說明相對於其本質形態之個與全的關係，大師用雨足與燈光來譬喻：「雨之足雖多，其水則一；燈光非一，其光冥然同一。」這個體的無數雨足，無論如何的多，原是通於一水的生命體；各個之燈光再多，其相互所照射的光明則相融，各以「一如」活現於「全一」故也。

個體主義與全體主義

從誤認個體或肉體為「自己」的迷妄上看，這「個體」或「肉體」是誤認的基本根源，是由於對「生」當體物產生謬見的緣故。這「生」原是「全一」的，不可解剖或分析的。這全一的東西為活現而自我充實，發生細胞分裂，成為個體。個體無論如何的無盡無數，都是為了活現其全一使然。為澄清對「生」當體其物的謬見，這點是不可忽略的。就舉肉體的生起為例，彼寄存母胎之受精卵子，為了完全活現而不斷自我充實，細胞次第分裂、統一，形成肢體。成形後細胞又加以組織、分裂，新陳代謝，充實其內容，這時才有肉體的生成、發育，而現出其全一姿態。

如此，這宇宙大生命的真我，為了自己的完全活現，即一如地活現所有的一切，來充實自己的內容，這就是天地萬有、森羅萬象的當體。其內容中的一事一物，都存在有真我的溫血流動着，無一物不具真我生命的脈動。這一切都是大我生命的實相，是絕對者，亦是法身佛之功德相。為要表現這功德相的「神秘」，密教即以「塔婆」暨「制底」之形來象徵。

如上所言，這塔婆或制底之語，都有積聚或聚集之含義，所以用之表示「生」其物都是活現過去的一切、積聚功德行業於未來，永劫而聚集之。善無畏三藏將「制底」翻為福聚，意為「諸佛之一切功德在其中」。從此義可知，諸佛之功德，即是積聚或聚集所有一切物的「生」當體其物之內容也。

以塔婆或制底之形，來象徵功德聚的宇宙秘密，是靈之內在體驗的事實，是「生」當體之表現，所以此塔又名「心塔」。善無畏三藏說：「梵音之『制底』與『質多』是體同也，其中之秘密是名『心』，為佛塔。」即基於此而言。

表現全一的塔之意義與心塔

心塔開啟之秘印

為要開啟這宇宙秘密的心塔之扉，非先打破迷執「個我」為獨存性之物的妄見不可。打破妄執在《金剛頂略出經》中曰「開心」，或云「開心戶」。打破這層妄執，開放心戶，而貫通一切，無限絕對之靈的生命力才能流入。如同於密閉之房中開了窗戶，天地自然美景才能透入一樣，這叫「入智」，或名「金剛遍入」。因為開了心戶而召入如金剛般永遠不滅之全一「生」其物的大靈力，所以叫「遍入」。這「開心」與「金剛遍入」，即用印明來表示心塔開扉之實相。《初會之金剛頂經》等，則作為結一切印之通則，須先結此表示心塔開扉之印的「開心」與「金剛遍入」印。

南天鐵塔與心塔開啟

依中院流等傳說，於「金剛頂經義決」有云：「有大德開南天鐵塔，相承此秘密法門。」這決非歷史上的事實，不過是將心塔開扉之實相，寓於種種喻說以象徵而已。

為模擬此南天鐵塔，大師於高野山建立大塔，這就是心塔開扉的象徵。又為了指示此意，而傳給真然大德「鐵塔大事」或「大塔大事」。歷代師資次第相承至今，基於此相傳旨趣，於高野山舉行學修灌頂。

於學修灌頂中，先於大塔內相承心塔開扉之印明口訣。更於外陣、內陣、內內陣等三重組織之大師御影堂中，觀想當處即是三妄執之鐵扉鎖鑰的心塔。手結開塔之印，由第一、第二、第三逐次開啟進入內內陣。住於永遠不變之金剛定，融合於宇宙之大生命，親手奉觸已成法身大日如來之大師御影。由奉觸大師的手通遞「生」當體實相的無限絕對力之大師精神，遍入行者全身。自此行者即成為第二之大師，亦即是真言密教之阿闍梨也。在高野山，依此學修灌頂法儀，而親自感通大師之精神，於傳承密教精神之法燈上，修

心塔開啟之真意義

完了此學修灌頂的新阿闍梨名曰「傳燈大阿闍梨」。

此學修灌頂的法儀，不單是種法儀形式，由此還能開啟真正心塔之扉，免囚於渺渺的小我見中，而以天地間所有一切為自己之內容，全一地活現。能如此，當下即是「生」於完全、永遠無限。

依此心塔開扉而開了「新心眼」、「新視野」、「新聞境」、「新感度」、「新思想」，以之更生了這個世界，所謂「開無上之金剛眼」及「生於佛家」是也。因為在溺於個我為本之迷妄下，彼此互相殘害，現出修羅相，如此非生於惡趣世界不可。但是，一旦自覺，將他人、自己成為真正自己的內容，活見於全一的體驗境界，即是展開佛的世界，更生於佛之家庭者也。

第四節　矛盾之超越與克服

天地間存在之所有一切，如果是在全一真我的活現下，應該是互相和睦，相扶相助，平和悦樂地生活着。但實際上並不然，一切均在相互矛盾對立中，彼此互相侵略併吞、鬥爭，無有寧日，何故呢？

我們先從動物世界來看，地上的蛆蟲，被小鳥啄食，小鳥又被猛禽當作食餌。如大師云：「豺狼逐麋鹿，獅子喰麞麞。」完全是弱肉強食的世界，都是在食與被食的修羅巷裏討生活。而於人類社會上，就有如大師所云：「榮榮而染黑白，讚毀而織災殃，身飾虎豹之皮而肚藏蜂蠆之針。」世所謂面如菩薩心如蛇蠍，中傷、誹謗、黑白亂染、惹事生非等等，無一不為自己之利益與榮達去構陷他人。醜顏而不知耻，互相嫉視排擠，遂擴張私利及於團體、國家。因而團體與團體間、國與國間，也從事鬥爭、興訟內亂變成戰事。

如何去克服矛盾

為何這個世界會存在着這些爭鬥對立呢？有何方法可以超越克服呢？以密教之精神要如何去處理呢？這種智慧是非學不可的。

矛盾對立存在之意義

思之，真我姿態的「生」當體本質是輾轉創造，而有能動與所動的對立，離了能動與所動是無法把握與認識「生」當體的實相。矛盾對立是能動與所動的必須條件，恰如河水之流動，必須有上下、高低的對立。又如人走路時，必須腳底與地面互反作用，所以沒有矛盾對立是動不起來的。

凡舉手投足，見物思考，悉是「生」當體之能動與所動的活現。同時，「活現」不能離開上下、高低、前後、左右、進退、遲速、能見所見、能思所思的矛盾對立。這矛盾對立即是一切物之生活實相，所以「生」當體內容之所有一切，無一不包藏了矛盾對立。

但，並不是一切萬物，皆有矛盾對立，必須存在嫉視排擠，才會招來對立鬥爭。其禍或福要看如何去理解這矛盾對立，如何去處理與中和而定。亦即是「矛盾對立」能善、能惡。矛盾對立，所以會互相嫉視排擠，製造煩惱，也是因為所有一切皆包藏着善、惡二面的緣故。就是因矛盾對立能善、能惡，包藏善、惡二面，所以可使自己接受磨練，激勵自己發奮向上，也可使自己因而墮落。如水一般，能載舟供人飲用，亦能覆舟溺人於死；又如火，能燒燬人類財富，也能供人煮飯暖身。會害人的敵人，反之也可以教訓我人，使我人發現自己短處，而成為我人的善知識。所以世間有惡故有善，惡會製造善；同樣地，有善故有惡，善會製造惡，這都是相對的道理，能善能惡的意思。

矛盾對立之兩面

矛盾對立與動性

其次，因所有一切萬物，其當體之活現是常在活動着，所以敵並非永遠是敵；盜賊不是永遠是盜賊。盜賊一旦悔悟也會成為好人；今日的敵人可能變成明日的好友，世間是無常而不定性的。

矛盾對立之活現

人們如果知道這種矛盾對立之「生」當體實相的本來面目，不被其所困，加以調御、包容，將矛盾對立變為矛盾對立加以活現。則雖有矛盾對立，終能將其克服超越。對於其所引發的種種煩惱及不安，也就可以免除了。

矛盾對立即脫落

所言克服或超越，並非將其滅絕的意思；宛如紺碧的藍天，還會生起一片浮雲一樣。吾人如果悟了「生」其物的真理時，在全一的活現心理上，有時也會出現一絲不安或煩惱。這時，自己的感受恰如無根之草，亦好像一陣風就吹散的浮雲一樣。此時不安煩惱是已經脫落了其根本，不能妨礙所悟的心，反而還會加強證悟之境

密教之二而不二，差別即平等

界，使其更莊嚴更明朗化。所謂「澁柿之澁，當體即是甘」。

將這矛盾對立之差別相，於「看法」、「受法」、「操縱」上加以活見更新。再於更高層面加以包容綜合，這就是密教所謂的二而不二，差別即平等。

在《金剛頂經》第十五會《秘密集會經》梵本中說「呈二面相之一切法，當體即不二也」。言不二，絕非滅除了矛盾對立之二面差別。如前所說，是將矛盾對立之差別，在其「看法」、「操縱」上予以更新，為「生」當體的內容而活現之，以持被持的關係下，全一而活現包容，方是不二平等。大師說「多而不異，不異而多，故名一如，一不是一而是一，無數為一」即指此。

依此，可以明白，言一絕非對多的一，亦非捨多的一。對於多，而捨其多之時的一，還是對立上的一，不是真正絕對的一或平等。

矛盾對立即全一

而是容許無數之對立當體，使其伸長活現。用新的觀念去看、操縱、統一，才是「一如」或「平等」。

「矛盾對立」雖然用新的看法、受法、操縱法加以綜合包容於「一如」中，但矛盾對立，仍然存在着。因為存在故，難免時有發生軋轢、爭鬥、內亂或戰爭等事情發生。如果徹悟了這矛盾對立為自己內容之「生」活現當體真相，離了各個之對立愛執，活現於全一時，所發生的鬥爭、軋轢就都不是沒有意義了。體盡其「全一」的內容而將鬥爭、軋轢生活化，始有真正新的平安，才有「一如」世界的展現。

全無城府無邪的小孩，其兄弟間時常喧嘩吵架，當處便具有極其親密的情感存在。「奕碁而憎加憎，當處確實可泣」。由此來看，喧嘩也是一樂也。譬如，雖有喧嘩軋轢，若將此「生」之當相內容

矛盾對立與大忿怒降伏

活現於「全一」時，即可成為動力之養分，而更加充實其內容。猶如「取田草，以當體為肥」，將會發現更美好的境地。

無論如何，這個為自己之內容的對立世界，不但有自己，還含藏着他人。而世上剛強難化的人亦不少，對這等人亦必須發起大公憤，以霸力加以制壓調伏。同時亦可以借此警醒大眾，作為引導他們趣向正道所不可或缺的法門。如不動明王、降三世明王等之大忿怒或降伏等，不外乎此義。

要活現其境

總之，把此矛盾對立為自己內容而活現，是要適時、適地將當面的境地予以活現的。如處和平而行和平；處戰爭而行戰爭；處富貴而行富貴；處貧賤而行貧賤。於和平而有和平的氣息；戰爭而有戰爭的意義；乃至富貴、貧賤，都有其特有的本質。要能看出其特質、意義，味之、樂之，盡全力活現之，其包容之處，自然就會超越其矛盾對立之境界。

第五節　秘密之莊嚴

矛盾對立與排擠性

世間的一切無論多麼地矛盾對立，亦決非只是弱肉強食或相互爭鬥的一面。當然啦！「生」當體其物是通過個體來顯現的。因此，對於其個體本身有關的感覺特別敏銳而切實，所以容易被其愛執所困，才會發生排擠他人、嫉視他人、惹出種種軋轢或爭鬥的事情，但是「生」其物當體的本質是決非如此的。

生當體之本然姿態

「生」當體的本然姿態，乃是一切萬物互持互涉，彼此關聯，由一切力之結晶綜合才能活現。人們以為自己舉手投足似乎與其他人無關，其實這也是「全一」之身體的動作。吾人生於世間，似乎與其他沒有什麼關係。事實不然，吾人來自父母、祖父母乃至祖先。

又日常之食、衣、住、行、育、樂等，無一不是來自社會。所以吾人是在縱自祖先，橫遍社會的交織中活着。如果只是一味地排擠他人、嫉視他人、處處與人軋轢爭鬥，不容他人的存在，那麼自己一個人如何能活下去呢？所以吾人是決無法離開「全一」內容的，而必須與「全一」中的一切相互支持依賴。

生其物與秘密莊嚴

世間之一切物無一不含藏於「生」當體真我的胎內。由「生」當體真我的溫血，脈動流通而活現着，其全一的真我不斷地通過各個細胞，擴大充實其內容，次第吸取新的經驗。無論任何失敗挫折，仍能不斷地發揮其功能，充實自己的全一內容。所以不論啼、笑、悲、嘆、嫉視、排擠、爭鬥等無一不是「生」當體的莊嚴，此密教曰「秘密莊嚴」。

所謂秘密莊嚴者，是因為一般人迷惑於個體對立，而不能見得

秘密莊嚴之意義

「生」當體真我之「全一」姿態，且對於萬紫千紅的「全一」莊嚴實相，覺得神秘而莫測，不能當體理會故也。

無論何物不能脫其埒內

不論人們知或不知這種道理，均在「生」當體的真我中，以所有一切為自己「全一」的內容而莊嚴之。常恆不斷地向前邁進，故無一物能脫其埒內。任三千大千世界如何廣大無邊，亦不及「生」真我躍越一步；江河大海是如何地一望無際，也不夠「生」真我之一嚐。大師云：「三千行步而隘，江海一嚐而少。」即指此也。

生當體之大行進

真我之「生」的當體，具足一切、包容一切、活現一切、養育一切。常恆不斷地向長遠的彼端大行進，處處呈現新的相貌，於大行進中觸及種種的緣，應境而千變萬化，永無止境。這個「生」當體的洪流，恰如江河流水，遇陡峭亂石，就變成嚙岩湍流；遇到廣闊平坦的地形，就成為洋洋大河；到低窪處就成為深淵；在斷崖變

三無盡莊嚴

秘密莊嚴住心之內容

飛泉瀑布。這是大行進之雄健步伐，也是歷史的足跡。

這「生」當相應境觸緣，次第充實其種種內容而顯現。這在《大日經》裏稱為「三無盡莊嚴」，是從身、語、意等三方面去觀察的。無論高聳入雲之嵩嶽、荒野中的一草一木、一切森羅萬象，無一不是「生」當體真我之姿；潺潺水聲、松風竹籟、天地間所有一切聲音，無不是妙音言說；又《大日經‧住心品》中說的「人心」、「河心」、「狗心」、「貓心」、「嵐心」等六十心，天地萬有一事一物寓寄一切之心，無一不是「生」當體之心的展開者。

如能達觀所有一切物，皆為真我之內容，而安住於此，即大師所謂：「秘密莊嚴心。」「秘密莊嚴心」就是究竟覺知自心底源，如實證悟自身之數量。此處言自身、自心者，都是指「生」當體真我的身心。這「真我」不論從「色身」或「精神」上來看，都是具

活現之力與宿命觀

足無量無數的。悟此無量無數的「真我」身心之一切，就是體證了秘密莊嚴世界。所以又說：「如斯究竟知身心，此即證秘密莊嚴之住處。」

如此，所有一切每一個體都是「全一」真我之活現。其「全一」之「生」當體，必然通過個體而榮生之，當處便具有至大的妙用。但是「『生』當體的活現」與「一切的個體只依全一之事物而生存活現」二者間，其異同必須要清楚明白。若一切個體只依全一之事而生存活現，當處就會陷於宿命論的邪見中。如果人之一切行為，得靠外在的力量才能活動起來，那麼個體的一切就只有任由他物的擺佈，甚至連哭、笑都無法自由，一切都是命運使然，個人的努力與個性的發揮，都將徒然無功了。

可是「生」當體的全一，是通過個體而活現的。因為通過個體

能生之力與所生之力

「全一」才能活現，所以個體之使命是極其重要的，非各自努力奮發去活現其「全一」不可。如同肉體中之每個細胞都有溫血在流通着一樣，天地間之所有一切，一一都是脈動着「全一」之力。這種遍宇宙全一之力，加以集約凝縮之，就是各個體之個性。這「個性」為全一之力也好，個性自「生」之力也好，都是同一之物，亦即個體全一之力，當體即是個體自己活現的自由力。

各個自建立

因此，天地間所有一切千差萬別的個體，由各自之立場，以「全一」之「生」為其背景，代表全一，而建立各自特殊的自由世界，非這樣是不能實現「自性」之內容的。這於密教謂：「各個自建立，各個守自性。」所以這個世界的一事一物都各自建立了獨特的世界。無論多麼類似的事物，在特質上是絕不會相同的。然迥然不同的事物，也以各不相同的立場，共同地活現於全一之「生」中。又

「全一」的內容中，也是由內容之一切以各自不同的立場，來充實活現而完成其莊嚴之使命。

秘密莊嚴之不可思議

以草木為例，如櫻花或梅花，無論怎樣地美麗，活現於全一，其美亦只限於櫻是櫻、梅是梅，各自固守着其獨有特殊之世界，決不逾越侵犯了他花之絕對性。一色一花都是一物一職，依各個的立場完成自己所負的使命。依各個所負之使命，去充實莊嚴真我之內容。善無畏三藏云「秘密莊嚴，不可思議，未曾有」是也。

第六節　永遠之一瞬

自己保存欲之由來

各個之所有一切都通過個體而活現於「全一」，所以為了達成自己所負之使命，是有保衛自己之個體的必要。因此，自然而然形成一種求生存的本能，這種本能力非常熾烈強大。如路邊的野草雖被踏倒地，當腳離開後，草立即還原豎起；蜥蜴尾部或蚯蚓，被切斷後，斷部還是跳動不已。由此可見其求生之本能是如何強烈；由此推知，人想活到千年萬歲，甚至無窮無盡長生不死，也是常情。

人生是無常

但是實際上，如大師所說：「誰能保得萬年春，貴賤總會死，死去成灰塵。」古往今來未有一人能不死。又好像鴨子的長鳴而云：「行行不絕之川流，前流不是後流。波上之浮沫，消散而又結，長持不久，世間之人與住處都是如此。」

無常之意義

上述只是從生滅的觀點來看，如果從不滅面加以觀察的話，猶如吾人的肉體因細胞不停地新陳代謝，而能活現於「全一」那樣。「全一」當體真我的內容之細胞（各個所有一切物），亦都是依各個的立場去完成所負的使命。完成之後，次位者取其地位而代之，如此次第交替，新陳代謝，形成「全一」其物的內容。有如前水與後水而成長流；前燄與後燄而成火燄一般，此就是全一「真我」的活現之道。

無常觀之缺點

吾人未曾悟知不滅之「全一」的「生」之實相，而偏執於細胞的個體；不知大局真相，所以造成了你爭我奪的人生。又常說：「反正早晚都是要死的，在未死前為所欲為，盡情享受。」因而出現了享樂主義。又云：「浮世如夢，命如蜉蝣，不如寄身酒綠燈紅歌舞繁華中。」空過了寶貴的一剎那，這都是不知「全一」的「生」之實相的緣故。

無常即常住

「行行之川流」雖不斷地流轉，但從「全一」的立場看，後流追前而成為「一流」永無盡處；月時盈時虧，但其為月今昔不變。所謂「古人不見今時月，今月曾照古時人」，人無常也，月常也；月時盈時虧無常也，人常也。

其實「生」當體之真我是超越生死的。過去、未來的時間觀念，只有在「生」當體內容中之個體相對待時才有。吾人在全的生命活現中，一意生活的瞬間，絕無生滅與過去未來的觀念。如在觀賞藝術品或其他珍品，貫注精神的瞬間都是如此。反之，思惟遷變，化成種種對立，所以於思考、反省、分析時，才會有生滅、過去、未來之時間觀念。

《大日經》強調這「生」之當體的大日如來，是超越時間性，「越三時的如來之日」。依《大日經疏》言：「世間時分，雖有過去、現在、未來，長短、劫量等種種不同，然以淨眼觀察，則三際了不可得，是無始終，無去來。此實相之日，圓明常住，湛然如虛空，沒有時分長短之異。」

這超越時間無始無終的「生」之當體，以客觀加以觀察，不知

貫三世的永遠之一瞬

常恆之現在

始自哪一悠遠時代，就一直相續活現於外境，而常住不斷，陸續地創出新的現實，向前邁進永無止處。現在所立足之「生」當體其物之當下「一瞬」，都是聚集了自己以往的一切經驗，同時又向未來展開了一切，實是貫三世的永遠之一瞬也。

「生」當體其物是常恆而活現於現在的。言過去未來，只是以現在為基點去反省分析，而假立的抽象觀念而已。如感悟到以往的種種，這是思考「過去」的「現在」；想到未來的種種，也是計劃「未來」的「現在」，這些都是現在的一念內容而已，其實並沒有過去、未來。「生」當體其物是現在的永遠持續，過去是現在之足跡，未來是現在的預想。其「常恆三世之一切時」，亦不外是指超越反省、分析之常恆現在。

吾人如果把握到這常恆之現在的信念，以此為立足點，去完成

生存之力與死亡之力

自己所負的使命，去活現充實尊貴的「現在之一瞬」，就可以超越生死，把握徹底的「生存力」，同時也能把握並歡喜接受「死亡之力」。

永生，量不如質

孔子云：「朝聞道，夕死可矣。」佛說：「若人生百歲，不解生滅法，不如生一日，而得了解之。」都是透露了這個消息，勸世人不以長生為能事。重量不如重質，而應該以充實現在之一瞬去活現為要。

永生與大師之無常歌

依大師之《伊呂波》歌偈來看，「諸行無常，是生滅法」，是着眼於生滅，過去、未來的對立觀念。「色雖匂而散，我世誰能常」，譯其義為：「好花雖匂易凋謝，世間哪個不無常，一朝越過憂愁嶺，醉後覺來日月長。」（註：匂，顯得鮮豔）不論紅顏、少年，不覺之間就變成白髮老人了。人生順逆際遇雖然無奈，然若能轉眼間著立於「全一」之上，就得超越對立，就能活現於常恆的現在，當下就可消除不安煩惱，而享受寂靜平和的境地。所謂「生滅滅已，寂滅為樂」即是。大師所謂：「越過有為之奧山，不見淺夢而又不醉。」（註：奧山，即深山）其義是若能將常恆的現在之一瞬，活現於永遠即可超越生滅對立之迷（有為）的奧山。不再被有為對立的幻境所脅迫，不見有夢，不會醉於剎那不實享樂的毒酒。

大師之入定大事

當然，大師是能充實常恆的現在，而活現於永遠的覺者。所以大師雖已入滅，其實是不滅之滅，不死之死。於子島流或持明院等，以「大師御入定之大事」乙事相傳，以消除對立觀念，不溺於妄執，開啟心塔之扉，活現永遠之一瞬，以充實常恆的現在。為「御入定大事」以明白之，以印明來表示者是此也。要充實「現在之一瞬」

永恆與大師行蹟

活現於常恆，大師乃寓「永遠」的意義於「御入定大事」中。不將

一切皆有存在之價值

尊貴的「現在之一瞬」虛擲於一己的享樂，要為全人類、社會、國家的福祉，廣大地去活現真我。大師一生於鎮護國家、教化民眾、文學、藝術、醫藥、工業等及其他行業所做的貢獻，一般人是不及萬一的，其不朽功勳之餘蔭仍留到現在。這些都是體悟了密教精神，充實了常恆「現在之一瞬」，活現了「全一」的結果。

第七節　絕對之價值

凡世間存在的一事一物，都站在各自的立場，為完成自己所負的使命，而具體展現「生」當體的內容。個人在群體中，即使不能積極為國家社會作直接顯著的貢獻，他的存在及其所作所為，也有為他人引作榜樣或讓他人引以為戒的地方。人如此，事物亦同，所以世間存在的任何人、事、物都有其存在的意義與價值。

價值表現之種種相

凡物各有任務

雖然每一事物各有其存在的價值，但其價值卻因其所處的時、地不同而有所差別。如花朵般，其際遇因機緣的不同而有異，有的被人摘取放置在客廳或雅房的瓶子裏，供人欣賞，為人所喜愛；有的生於山野谷間，無人造訪，一生自生自殘。人的際遇價值也是如此，因機緣，有的成為輝煌人物，有的乏人重用終身默默無聞。

然而，不論為人知或不知，生於世間上的所有一切事物，都是相輔相成，是構成「生」當體內容的細胞。每個個體都盡責地發揮其絕對至上之意義與價值。如建造一棟房子，構成房子要素的如棟樑、支柱、沙土、基石、細砂等不論其大小輕重，凡是為房子要素者，無一不在發揮其作用，無一不在各自完成其全一的、絕對至上的意義與價值。

而「生」其物當體是活潑，不斷地更新與充實其內容，不停

反價值之外觀

智識之使命

只有人類才賦予智識

地前進流動；如川流，時而起漩渦，呈現逆相一樣。「生」當體之內容時而會顯現逆相或呈現被殘留之相，發生其價值的稀薄，因而失去其存在價值的也有。

因此，為整備「生」其物的內容，讓其構成分子之一事一物，各得其所，所謂因材適用，即賦予人們各種智識，做為「生」其物活現的依據。

「生」其物的內容，其在天地間是無量無數的。然如微生物、植物、動物、礦物等，僅具有「勢力」或「活力」的作用而已，並無整備或安排其內容的能力。唯有人類，具有這種天賦，有反省、批判、分析等能力及展現這些能力所必備的智識。這智識就是「生」其物為整備與安排自己的內容而創造展開的。好像嬰兒的發育一樣，為了統制與安排身體中的各細胞，必須先發達其本身的神經系統或腦細胞一樣。

智識與價值之發揮

若此天賦的智識能加以正視活用，就能安排天地間所有萬物使其各得其所，發揮其價值，展示各個之財寶功能。然能否完全發揮各個的財寶功用，端視其智識能力如何而定。

了解其密號名字之鍵

此種安排萬物讓其適材適所之能力，就是宇宙神秘之鍵，即密教所謂「密號名字」之解釋智慧也。大師說「若能明了密號名字，深開莊嚴秘藏時，地獄天堂，皆是自心佛之名字也，何有取捨者也」云。如斯所有一切物無非即是自心佛之內容財寶之名字。

智識之歪曲與不平不滿

然吾人活用此智識，卻未能同契於「全一」的「生」之本體。反而在個我的本位上將其歪曲，偏執個我的局部，盲目無知地惡用着。一點也不知道應該要正當去活用此天賦之智識，以整備充實「全一」、「生」當體之內容才是最有價值的。人人為了維護個我的權力、地位、金錢，不知天賦智識的價值，把它當做取得這些利益的工具，而加以濫用，以致人或物都完全不得其所且盲目地活着。俗言：「物不得其平則鳴，草木無聲，風吹即鳴。」所以一切人或物不得其所，其當處當然會勃發不平或不滿，也就不能發揮各個之才能顯揚其價值了。這樣子，有如入寶山不識寶，空手嘆貧；入於秘密莊嚴的寶庫，均自閉其眼不見其寶的所在一樣。

智識之活用與財寶

人若能拂開遮蔽個我之迷執雲霧，公正地活用其天賦之智識，使能各得其所，一事一物無不發揮其無限之價值。若如此，則到處就都充滿了無盡的財寶而受用不盡，大師有云：「褰霧見光無盡寶，自他受用日猶新。」

於天地間有自然之供給

天地間受用之事物，無一不具足。為了充實此「生」之內容，任何事物都將自然地供給着。假如於某時某地缺乏某些物質，當即會發現有另一些代用品。若人能夠發現活用的智識，則到處都有受用不盡的寶藏。

波及個體全一之力

雖然天地間所有一切千差萬別，但這些都是「全一」之生的內容。他們彼此間互持互攝而活現着，所以其中之某事物，如果有所缺陷，就會有他物來支持幫助使之生存。恰如人體某局部負傷，身體各部之細胞就會直接、間接地予以支援補救，令其痊癒，這就是身體自身自然的治療。

自生與依生

由此可知，一切的自生之力與依生之力，原來是一樣的。所以為自利而用他之財寶所達成的自己之完全活現，亦即是依他之一切至上價值的活現。

富是天下公有

世間無一物能孤立獨存，一切都被包圍在自己周遭的環境中，依他一切的恩惠而生存。所以舉凡「我的財富」、「我的地位」、「我的權勢」無一不是他緣所成就所賜，決非只是自己努力的結果。所以成就決非屬於自己所有，它是屬於天下公有，不得專為自己享受而自私濫用，要用之於社會大眾的公益上。更要為社會、國家、人類等，積極去莊嚴「生」其物的內容。亦即是公正活用天下的財富，發揮其財寶的完整價值。

體認絕對之價值

要知道，一切物悉住於絕對價值的世界中，故不可有「自己是無用的人或自己是沒有價值的凡夫」的自卑心理，要認同自體乃是「生」其物的構成內容，是內容中的貴重分子，是「生」當體其物，是真我，是法身佛，是絕對至上價值的當體。密教有言：「若起一念，我即是凡夫，即同謗三世佛。」所以吾人要徹底體認自己之至高無上價值，同時也要實現自己所負的使命才成。

第八節　無限之聖愛

萬物一體

愛其本性與把握法

「有花有月有樓台」，所見所聞是這樣地千姿百態，這是「生」當體充實內容的莊嚴。故所有一切物無一不是「生」當體其物同根所生的枝葉，本來是一如一體的內容。

從萬物一體上看，所有一切物皆有其「全一」的生命貫穿着。無論分成多少種類，都是相互牽引相合的，所以自他之間常具有某種灼熱的感通，這就是「愛」其物的本性。因為這「愛」本性其物之生命力是貫天地而無物不流通的，其間之愛的關係是無法遏止的。若能將自己虛之，開了心扉來接受時，本然的愛之力，就可以隨身所欲流入全身而把握其感受。

赫赫日輪，不論富或貧、善或惡、正或不正都不稍隔膜加以普

天地乃愛之表現

不能把握此愛之原因

個我之本質與其開放

照愛撫。摩天大樹展枝敷葉不分彼此地平等施蔭布涼；思渴而施水；思飢而施食，養育萬物，這都是天地自然的恩惠，是愛的表現。

吾人之所以不能衷心地感受此自然之恩惠的愛，或無法把握這施惠，都是因為誤認此個體是唯一的獨存物，遮彼阻他，心中自作堰堤，以致妨礙自然愛之溫流的流通。若要接受這種感受，把握這種恩惠，就一定要打破個我觀念，非將心扉開放不可。

當然，「個我」是「生」其當體的活現基點，所以對這「個體」的感受是特別直接且切實。但是這「個我」之所以存在，乃是通過「生」當體其物而向外伸展，由此與「他」共同活現於「全一」，其處才有完全的意義，視此「個我」向外伸展的程度如何，換言之，即個我的開放程度如何，在「愛」的上面就有種種不同程度的展開。

「愛」其物中，最原始、最本能的東西，就是肉體上的性愛。

性愛與其傾向

性愛於肉體上是有強烈且切實的感覺，但這是極其自私利己而有奪佔對方，一切據為己有的行為傾向。這雖是離自然賜與一切的聖愛甚遠，且是違反宗教意識的行為，不過，卻也是一種自他互相牽引，使以融合的愛。

愛之進化

這種奪取對方一切融於自己的一方，隨而願意把自己的一切給予對方的傾向，漸演變成為戀愛、夫婦愛、親子愛、家庭愛。這等據對方為己有的同時，也都願意把己有的奉獻予對方。

與奪之愛

一般的愛，有「與」及「奪」二面。當與奪的對象增加時，就變成了家庭愛、社會愛、國家愛、人類愛，進而波及草、木、礦物、動物等，為他灑以同情的眼淚而投出自己的一切，奉獻一切。空了自己融合一切而活現，此處自然就把握了生命力的愛於一身，權化而自然活現於「全一」。此即所謂「無限的聖愛」或「無我之愛」

或「同體大悲」。

同體大悲與無限之聖愛

如智覺大師說：「不了同體大悲，即墮於愛見。」若不是以「一切為自己的內容」去活現全一，絕不是真正的愛，不能謂「至純」、「至性」的聖愛。如惡用了這種「至純」、「至性」的愛，就成期待報酬的利己主義，而沒有一點意義了。這種不純的思想或心理，即是所謂「墮於愛見」的妄想。

密教所慫慂之愛，即此「同體大悲」，不空之《菩提心論》說：「觀十方含識（眾生），猶如己身。」善無畏於《大日經疏》說：「云慈悲者，憐愍之心徹於骨髓，凡有所作，皆為成就眾生，必須成就無盡法界之樂，為度脱無餘眾生界之苦也。」

大慈與大悲

所謂慈悲，就已表示了聖愛的積極與消極二面。「慈」是積極性，以一切為真我的內容而擁抱之，予以快樂；「悲」是消極性，空了自己立於眾生的立場，和受苦難的一切眾生共甘苦，人溺己溺，悲愍而救拔之，這都是無限聖愛的權化，是活現於全一真我之佛心也，慈悲心也。《觀無量壽經》云：「佛心者，大慈悲心是。」即此意。

無限愛之具現

以大慈悲心，空了自己，奉獻一切，為真我內容的社會大眾服務，就是無限聖愛的具現展開。為此，不空三藏有言：「於大悲門中，隨其極須拯救的眾生之願，與以給付，不得吝惜身命。」

平等一子之愛

吾人若能將「生」當體真我活現，以一切物為自己內容，一視同仁地垂愛撫之手，無論有緣、無緣、甚或怨親，都施予「平等一子」之愛。則所臨之處，一切悉皆自然雲集。猶如磁石之處，鐵粉自然吸聚一樣；雌雞翼下必有很多雛雞一樣。

然而，「愛」並非只限於和顏悅語式的安撫愛，時而怒顏呵責

大忿怒降伏之愛

也是「愛」之一種；時而責打頑劣也是「愛」的表現。特別對於迷惑於「個我」，不知愛惜他人的利己主義者，即所謂剛強難化的人們，加以強力調伏，令其悔悟覺醒也是真愛。如密教的「不動明王」或「降三世明王」都是「無限聖愛」之具體表現。《金剛頂經》初會中有云：「此無限聖愛予以人格化，即所謂金剛魔羅大菩薩，即是秉無限聖愛，調伏、滅殺剛強難化者的菩薩之象徵。」

溶入智慧之愛

可是「真愛」雖是熱情的，均不可盲目，否則僅止於感情的愛，決非是溶入全一之活現的愛。這愛是不得惱及或傷害被愛的人，必須時時觀照、保育他才成。

愛是感化

總之，愛即是力，即是感化。在愛的滋潤孕育下，無論怎麼卑劣的人也能因之而改善；再兇惡的強敵亦可以使之成為吾黨，這是因為「愛」其物持有同化一切之力所致。所以無論多麼醜惡之物，都可因之化為良善美好；一切邪惡兇毒都可以化為肥料，使「愛」能盛開浪漫的花朵。

愛即天道亦人道

愛即是「天道」、「自然之道」；把握此「天道」的愛之力，展現於世上就是「人道」。也就是說，此「全一」之「生」當體，所放的「無限之愛」的光，直截開啟了心扉。使個我能把握「受取」這種熱能，以之反射於一切事物上，去孕育一切。如此，其當處才能成為「無限聖愛」的活用。

第九節　自由之創造

因緣之流轉與命運

所有一切都是隨順因緣而流轉的，所見、所做、所思都離不開因緣。如，撐雨傘是因為下雨了；拭汗是因為炙熱流汗。所以一切都是住於因緣流轉的世界裏，一事一物都不能自由，都被因緣所規定、所拘束，而成為命運。

雖然被因緣所規範，然卻有「我自己去打傘」，「我自己去拭汗」的感覺。這種感覺寓有深意，所謂「因緣之力」、「命運之力」，並非各不相同之力，而是自己自身的活現之力。唯有「糾合結晶」了因緣力與命運力，以此為原動力去自生創造，當處才有「自由」的感覺。

「生」其當體，是常恆不斷地創造着。花開花謝、鳥鳴獸嘯、雲飛水流等無一不是創造。因為，所有一切物之力糾合於個體之內而結晶，再通過個體，次第創造出新物新形。所以這世間無論多麼類似的東西，也不會完全是相同。如你父是人，我父也是人，但你父與我父卻不相同，否則你父成為我父，我父成為你父，天下豈不大亂？其他一切物也都是如此。這些都是創造之妙機，不同而同，

自由感之由來

創造之妙機

永恆之一剎那

全與個

密教之遊戲神變

同而不同。

從時間來看，「生」其物當體是永遠常恆活現的。活現當處的現在之一剎那，收集了過去之一切，也孕育了未來之一切，以「全一」的意義在其基點活現，這樣的活現下才有真正的自由與創造。如象徵永遠即剎那的藝術品，恍惚給人予超脫自由的感覺，這是以「全一」的活現去躍動人之生命所使然。

由「個」而「全」，「全」通過「個」，時時刻刻活現於永遠，就是「生」當體真我之姿態。在這樣的意義下，所展現的一切才是自由與創造的活動，在密教即是「遊戲神變」或「金剛舞戲」。這「生」其物當體的活動，宛如遊戲、神通，不被任何事物所拘束，自由且具有金剛般的不滅性，此乃剎那中具有「活現於永遠」之故也。

創造與價值

當然，在「生」其物當體上看，宇宙間存在的所有一切物，無一不是創造，但所創造之物，絕不會有同等價值與同一意義。如「生」當體以植物為基本之時，就將其創造成植物價值；以人類為個體而通過創造時，就成為人類價值。

人類價值之創造

由於人類具有動物性與靈性（或云精神性），其所貢獻的不應只是衣、食、住、行或繁衍子孫等，所謂「動物價值」的創造。如沒有任何人類價值的創造，就完全沒有完成人類所課與的使命。

生為人類，就要努力去創造發揮「人類價值」。所謂「人類價值」之創造，就是於精神予以形態，於思想予以組織；看不見之物予以看得見之形相；永遠無限之物予以現實之姿態，也就是學問、道德、或藝術等文化價值之創造。

於密教裏，是要把人間的價值進而昇華為「聖價值」。這「人

人間價值與聖價值

間」在密教之立場看，就是其「生」當體的化現，是法身佛之當相。不僅自己本身的個體是「聖的存在」，天地間所有一切，也是「聖當體」之顯現。此等各個之間的成立與「交涉」，就是「聖其物」與「聖其物」間的關係，亦即是佛與佛之交際。因此，對任何事、物都應如對聖佛一般的恭敬，以這恭敬心努力奉事「聖的各個」即名「供養」。

聖之價值創造為供養行

這供養，就是「聖價值」之創造。同時燃燒了全生命，而一心一意活現並創造「聖價值」者，即曰：「金剛舞菩薩。」這種價值創造之供養行，即所謂遊戲神變、金剛舞戲，此等不外是脫落自由之創造也。

金剛舞戲之供養

《初會金剛頂經》云：「大哉！我之廣大供養，即是廣為一切供養，以金剛舞戲之法用故，安立諸佛之妙供養。」以密教立場來看，天地間所有一切活動，無一不是聖價值創造的供養行。也就是說各個個體都在燃燒全生命自由地創造，金剛舞戲自由創造之處，才成立了佛與佛之間的妙供養專業。

供養行與感恩

這金剛舞戲的聖價值創造，乃是感謝與歡喜行動的遊戲化，也是生活的藝術化。以這種遊戲化、藝術化、日日新而不受任何拘束的自由氣氛，來做感謝感恩之行動，即是密教精神的理想活現境地。

供養行與努力精進

這種理想境地，對於固執自私的一般人而言，是非常難以實現。為了達到這種理想境地，所以吾人要深深體認到這個「聖價值」的創造行動，就是「生」當體的本來之「道」，並課與自己使命，且不斷向其目標努力精進。這精進努力起初會感到痛苦，但若能專注地燃燒自己的生命，繼續努力精進，不久其努力精進就會超越一

遊於努力精進

物我一如之遊戲三昧

全之生命燃燒

切，悠遊於無憂之大樂境。

努力精進，恰如小孩遊戲玩具一樣，自己投入於玩具之中，超越了遊戲玩具的意識而活現玩具。其處不被任何事物所拘所囚，而瀰漫脱落自由氣氛，超越過去未來而永生了。

此「物我一如」之遊戲三昧，即是「生」當體的真我活現。亦即是糾合一切之力，一心不亂地去燃燒全生命的活現。在這樣的活現之處，始有充實莊嚴「生」當體之內容，成就「聖價值」與聖業的創造。

但是，人們只知為其各個個體而孤立生存，忘卻了這種全的生命燃燒。於自心起了心與境、物與我的迷執對立，這樣，就失去了活潑生命的生機，一切變為死物化了。因而其所努力精進的結果，也得不到任何的自由與歡樂，僅招來痛苦與倦怠了。如將水與魚為例，當水與魚成為一體時，魚才能自由自在悠遊舞戲於其中；如果把水與魚隔離對立，魚就會失去自由導致死亡。所以密教行人要努力地去創造「聖價值」，莊嚴一切，供養一切。為成就聖業起見，就得要努力精進，進而更要樂於努力精進，遊於此精進中。這樣當處才有自由、創造的天地，才可以成就不受任何拘束的「遊戲三昧」，開拓「金剛舞戲」的世界。

第十節　佛陀之聖體

佛陀就是「覺者」，凡覺悟的人都能稱為「覺者」。然從人類歷史看，在印度出生的釋尊就是最初覺悟的人，所以一般言「佛陀」就是指釋尊。

是什麼令釋尊覺悟諸法而成為佛陀呢？並非是三十二大人相、

什麼令釋尊成佛陀

佛陀之本質

照育一切，活現一切

法身或法界

八十種隨形好具足的色身使然，而是把握並體證了貫天地的妙絕之法所致。契經有云「自覺此法成等正覺」，或言「不可以色身作佛觀，當以法觀之」云云。

然就是這「法」令釋尊成等正覺，這「法」就是佛陀之本質，或云「聖體」，又稱為「法身」或「法界」。色身有變異的時候，法身或法界是絕不變異的。契經云：「如來出世或不出世，法界常住。」

這令釋尊成等正覺且照育一切、活現一切的「法」，是貫三世而常住的，同時也是所有一切物生成的基礎。能體證而把握此法，才是真正的「活現」，真正的「覺」，亦才能成為佛陀。

由此點看，言法身，言法界，不外是指一切萬物的活現根源之「生」其物當體，也就是真正的「我」，佛陀之「聖體」。

佛陀聖體之神秘

這佛陀聖體的「生」其物，是以一切萬物為自己之內容，而予以活現養育。可是「生」其物當體是超越一切的，具有「難言」或「言說不可得」的神秘性。恰如指月之指，喻為「生」其物的月之內容，雖有辦法思議言說，但是其指不自指其指。這活現一切萬物的「生」其物當體，雖然也是人之本性，可是卻超越一切，神秘妙絕不可思議。

大日如來之義

正如大地一切萬物為太陽熱能所養育一樣，所有一切萬物也都受到佛陀聖體的「生」其物的靈光所照，依此而能「自生」、「自哺」、「自育」。密教將此「生」當體的佛陀聖體稱為「大毘盧遮那」，即「大日如來」、「大遍照如來」，又曰「常住三世淨妙法身大毘盧遮那如來」。

大日如來就是貫天地的「生」其物當體的聖體。故以一切萬物

大日如來之色身

萬物之母體即創造主

全一之道與個體之道

為自己之內容，為生成莊嚴，而呈現一切相遍滿虛空。為說明此「生」當體的大日如來，大師說「以法界為體，以虛空為佛心」，又「身遍剎塵，心等太虛」。

貫三世而常恆之「生」當體的大日如來，以所有一切為自己身心之內容，時時刻刻化為永遠地活現着，並對所有物都予以發揮至上的價值。聖愛當體的體現者，就是這樣地，在永恆的無限時空中為育成一切、莊嚴一切，不斷地自由創造着。

不管人們知或不知，「生」當體之大日如來，是不斷地將「永遠」、「價值」、「聖愛」、「創造」等四世界為一體一如而活現。這「生」當體就是本來全一之道或妙用。把握了這「生」本來之道且體得之，以此個體為基點而將其具體展現，這就是每個人所課與自己的使命或任務。

理具之佛陀

要完成這個使命，就得將永遠、價值、聖愛、創造為一體一如而活現之。把握了「生」當體活現之佛陀聖體，同時要體認所有一切物無一不具「生」其物之聖體，且皆被其靈光所照所育。這佛陀聖體是與「天理」具存於事事物物中的，密教所謂「理具之佛」指此也。

加持之佛陀

事事物物皆具有「生」其物的佛陀聖體，但這並非理上的抽象東西，而是指常恆活潑地照育一切、活見一切的靈體，貫天地而互相感應道交的靈體佛格。由此，才可以理解密教所謂：「加持之佛。」如大師所說：「佛日之影現於眾生心水曰加，行者之心水能感佛日名持。」因「生」其物的佛陀聖體所放射的靈光，不斷地加被光照各個眾生，而眾生能任持把握當處，才能顯現了感應道交之不可思議境界。

顯得之佛陀

五股杵上之全一與個性

以這加持感應之不可思議境的體驗修養為背景，而更進入「行」之世界中。而後以此行者之個體為基點，廣為社會民眾的一切服務，進而更為自己內容的一切萬物之充實與莊嚴去行動。

然服務、行動的當時，不可執著己身個體，要廣及外面的世界，去協調圈捲周圍的一切物，活現「全一」之「生」當體其物，且以身去體得佛陀聖體之妙用，時時刻刻活現於永遠。以所有一切為資料去發揮至上之價值；以聖愛的體現者之立場，去教化一切；不拘任何形式與事物，自由不斷地去創造，來莊嚴世界，這就是「顯得之佛」。亦即是「有限活現於無限」的人，又叫「無限人」或「金剛薩埵」。

金剛薩埵所執之五股金剛杵，其上方之五股即是表永遠、價值、聖愛、創造之四義、四世界。以中央一股表示「一如」來綜合

以密教立場所見誠之道

密教人之使命

或糾合之，以此去照常恆三世，活現一切的大日如來境地，此即是天道，也是自然之大道。其反面下方之五股就是表彰本來之道的五義、五世界，依各個的立場，去體得把握應活現的人道，即是「金剛薩埵」之境地。

所謂「誠」者「天之道」也，實踐此「誠」者「人道」也。這「誠」以密教立場來看，即是「真實」、「如實」或「實相」，這當體即是照育一切、活現一切的大日如來境地，亦是絕對至妙之天道。以各個立場為基點，「誠實」地去活現之處，才有順合人道的各人使命，也才有「金剛薩埵」的活現。

然不以此天道或人道真實地去活現，卻因於個我為中心之孤立獨存的自我，任意胡為，就變成悲哀的迷妄人。

要活現密教精神的人，應將舊有的「看法」、「感度」、「思想」重新反省，體認真我是什麼？然後以一切為自己之內容，活現於「全一」。因此，心眼所照之處，山光水色、大地一切，無一不是自己充實而又莊嚴的內容。所謂「山河大地法王身，溪聲鳥語廣長舌」即此也。一色一香，都是由各個的立場，去發揮活現所負之使命；無論何物，都是構成永遠不滅的窣覩婆世界中的分子，同時也是聖的佛體之功德聚。

第二章　密教之表達

密教精神與其渾融性

其體驗與表現之衝動

第一節　密教精神之表達

上一章，是以各種角度去說明觀照密教精神。密教精神是種個我活現於全一的精神，以所有一切為自己內容而包容之，不被其約束而「照」而「生」之。這種精神不僅是「智慧之明朗」、「感情之溫度」、「神秘之幽遠」、「意志之活潑」等，還須予以融然，渾然而成一如之境地。

然這神秘一如之體驗愈充實昂揚，就會喚起一種如何來形容，來表現彰顯的衝動，此即是「生」其物的真我之力。這種衝動可以說是由於一種向外伸展，擬把無形之物變造為有形的創造性所使然。

了徹「心魂」的秘密，於內心把握領悟了密教精神，這僅是個

依表現而體驗完成

人主觀內在的經驗而已。若不能傳及他人並妥當地廣為客觀的一切服務，也只能成就「獨覺」，而不能成為自覺覺他之真正具足圓滿覺行的覺者。所以把握了密教精神以後，就非得要向外伸展去覺他不可。

表達之工具即語言文字

密教精神的表達工具，就是語言文字。語言文字是知性的產物，又云記號。若僅依此欲將「感情之溫度」、「神秘之尊貴」或「意志之流動性」等之當體姿態表達出來是不可能的。所以古德云：「言斷心滅，言亡慮絕，百非俱遣。」以否拒語言文字的表達。這雖有其道理，但不管如何地重疊百非否定語言文字的表現，其本身也無法以「否定」來脫離表現之埒。

密教象徵之特質

於密教，就不採用這種消極否定的表現方法。若依密教之獨特方法如實來表現，無論文字或現見的事象，就不只是知性的記號而已，更予以標幟化、象徵化而賦予感情之喚起性或神秘性、無限性；通過這特殊化之感覺的事象其物，來表達傳遞密教精神。這個象徵物，並不是自能表現所象徵的全盤內容。而是捉其一點，以之作為代表，同時以其他之一切為背景，來暗示所包含之一切。令行者感悟了「全一」的內容，這就是密教表現方法的特質。

從語言文字的表達來看，以普通之言語文字摘出一相、一義來代表某種定義。同時以其他一切義為背景，以之暗示，令行者自然味得「全」的內容而默照之。這種特殊化的言語文字予以體系化者，即密教之真言或陀羅尼。以世間普通之言語文字加以真言陀羅尼化、標幟化、象徵化，名曰「加持」。由此加持而使密教精神如實地表達出來。

世間普通之言語文字與真言陀羅尼

於《大日經》有云：「等正覺之一切智者、一切悉見者出現時，其法性（即密教精神）以種種之道與種種之施設，隨眾生諸欲樂，示以種種之語、種種文字、種種隨方言語與種種之母音等，加持令得了解，故說此真言道。」又云：「何是真言道？」曰：「加持、書寫文字也。」

世間普通之言語文字與密教真言陀羅尼之差別在哪裏？世間普通之言語文字是傳達思想的知性工具，以一相一義為基礎。其所限定之某一意義所用的言語文字，是以量的多寡去連結，通常以一個或二個以上的簡短詞或句，去表達事物的完整意義。要了解其內容，就要從各方面去綜合研判。然而真言陀羅尼就不是如此，不重視言語的量，而重其質。只擇其能如實象徵密教精神內容的特殊言語文字，用此特殊之言語文字意義為門，令眾生徹悟其義之深處，而掘入其內容。經由此所暗示之背景的無限性，使眾生感味把握體悟全的內涵。因此，世間之言語文字，一般稱為語文或文章。而密教則曰「真言或陀羅尼」，有「一字含千理」的描述。

密教事象之表達

密教真精神的表達，不僅止於文字語言，而是以感覺的事象為本的。這事象是現實的、具體的、個別的、有限的，且富有感情之喚起性。於知解密教精神上言，寧是感味上的較為有效。

靈山會上之拈花微笑

在靈山會上，釋尊為直截了當地傳達此正法眼藏、涅槃妙心之端倪，拈了天華而微笑。雖然只有迦葉會意，但是這拈花微笑，就是釋尊之全身、妙心之全體，當體活現的象徵。

證上融萬法

無論是天華、蓮花或金剛杵等，以種種事相直截了當地傳達真精神之真姿，都是屬活現當體的表達。若人一旦能體得把握了這密教精神，且欲明白表現之，他就可以活現所有一切事物。於其事物中，將全精神予以個體化、具體化、現實化，以此去示現。所謂「於證上融萬法」，即是凡世俗的一切，不論多麼卑劣之事相，無一不是密教精神的象徵資料。於現證上，都可以取之、持之而令其淨化、神聖化。故云：「種種世俗，悉為法界之標幟也。」

密教的象徵與密教藝術

誠如上述，一切的事物加以淨化象徵的結果，密教就成立了佛像或曼荼羅以表達密教的精神。既將事相用來表達具體的密教精神，就要有形態或色彩施設的要求，這自然地就成為「美」的表現形式，在不知不覺中將其藝術化了，密教精神之表徵也因此成為密教藝術。

密教藝術之使命

但這些密教藝術是以表彰密教精神為目的，不可當普通藝術品一般看待，僅止於線條或表情的好壞上去鑑賞。這密教藝術，從某一觀點上看，其形式的施設，能夠完全地表現出密教真精神是不可或忘的。因此施設此等諸形式來表現出密教精神，才是密教藝術的

密教藝術與解神秘之鍵

佛像與一般藝術品之相異

使命。

然而所謂密教藝術或象徵，原都是密教精神的傳達方法或工具。這傳達物與領會者間，必需要有某點的了解及約束，也就是對佛像或象徵物，必需要尊重並了解其所象徵的意義。如佛像有「三面」是表示什麼呢？五股又象徵什麼？所以於二者間，必要有妥當的認識及約束。

這等佛像或象徵物，就是解開神秘之鍵。同時把握了這鍵，始能經由佛像或象徵物去通達密教精神；亦才能體認「生」其物當體就是真的「我」，而活現於「全一」。此佛像或象徵物，確實是密教精神的活現根本。以本尊的立場言，必需聖視之，不許與普通藝術品同觀。

神秘一如之體驗與普通之表達

精神表現法與真言陀羅尼

真言陀羅尼之成立與異稱

第二節　言語之表達

神秘一如之密教精神是不能以普通言語文字來表達的。若勉強以言語文字來表示，只能以「非有、非無，非一、非異，非斷、非常，非去、非來」等否定消極的方法來表示。或以「亦有、亦無，亦一、亦異，亦斷、亦常，亦去、亦來」等肯定積極的方法予以方便權說。

但這都只是迴旋於精神外廊，不能深入其中軸去接觸感味之。因此，為把握如實之真精神，才將世間普通之言語文字給予象徵化，成為真言或陀羅尼，仗此而通達味得「全」的內容。

這等真言或陀羅尼成立發展的過程，其淵源雖然各異，但若從已成立的真言或陀羅尼來看，悉是同物異稱。為把握密教精神之具體表現的「誠之語言」上名「真言」。於照破迷暗的意義上，言「明咒」；念誦這等真言、明咒以之統一心神，則曰「總持」，或「陀羅尼」。不論以何者稱之都不違要義，在本書中均以「真言」稱之。

純正密教之真言內容

於真言之發展過程中，單舉神或佛名，或讚嘆功德行蹟為真言之內容者也不少。已完成之純正密教的真言，都不外是如來體驗自證之真精神的具體表現，是超越「對立」、「比較」的神秘一如境地。故《大日經》有此強調，這「並非一切諸佛自造或他造，諸如來出世或不出世，此乃法爾自然住於全一的存在」。

真言之消極構成法

真言的構成，有消極與積極二種方法。先從消極構成方法來說，此是基於神之啟示言語而成，可是卻超越了言語本身的意義，或云壹胝或密胝或吉胝，如斯都是不可思議語的羅列所成。《瑜伽論》說：「如斯諸咒章句，總無有是義，此圓成實也。」此超越對立意義的無義之言語，對於表現無限絕對之圓成實性功能較顯著。

以此無義之言語反覆念誦，可以止除邪念統一正念，體現「止」之境地。依此，直爾得能把握其神秘一如之內容。

其法缺陷

但是這神秘一如之境地，若只以心專注於無義之境地的消極方法去表現，則不知不覺中其心就會靜化沈滯而完全滅殺密教精神活動性。所以純正密教慫慂把握其積極的活現，故就以積極有意義之真言為門，去挖掘其深處之內容；依其所暗示的為背景去體悟「全」之一切的無限性。

真言之積極構成法與其象徵

此積極而賦予特殊意義之真言中，含有「象徵的」與「記號的」兩種。又「象徵的」還分有暗示式、與略詮式。暗示式只羅列了精神、內容、功能、觀念之語，語與語之間沒有任何文法上之關聯，依此觀念之語去深徹其內容。如，戒淫真言只羅列「貞潔、無欲、淨潔、無染、盪滌」等語；戒酒真言只列「清素、不醉、不亂、無害、護戒」等語。又佛頂尊勝陀羅尼，或阿彌陀十甘露陀羅尼等都是並列了種種觀念之語，此等皆屬暗示式。略詮式者，即以簡潔之語句，詮示其體驗內容。例如：「一切諸法自性清淨，我自性情淨也。」或「普遍歸命諸佛，我即法界自性也」等，以短文作一種象徵。

其「象徵的」真言，雖無言語本身的意義，但以一音或一字，為記號或符牒，取其特定語言之一音或一文字之首，中、尾來代表的真言，為「記號的真言」。例如以「阿」之一音一字代表「阿努怛波陀」即「不生」之語；「嚩」之一音一字代表「縛陀」，表示「言說之義」。又如「吽」字之種子字，以「訶」表「因業之義」；「汙點」表「捐減」義，與表空無之空點合成一字，依此，捐減一切因業化成空無而表現絕對之體驗境地。前者為一字記號式，後者為合字記號式，如下表。

此等之圖示

真言
- 消極的方法——無義、天啟語之羅列。
- 積極的方法
  - 象徵的
    - 暗示式真言——如戒淫咒等。
    - 略詮式真言——如淨三業真言。
  - 記號的
    - 一字式真言——[illegible]、[illegible]、[illegible]、[illegible]、[illegible]。
    - 合字真言——如[illegible]等種子字。

真言念誦與體得法

無論如何，反覆念誦此等清楚地表現神秘一如的精神內容之真言，當處便能把握掘入其內容深處，由深入其中核而感得全的當體實相。

真言與梵文之關係

感得神秘一如之精神內容端倪之處，方有真言之所以為真言。深論之，這象徵或記號所用之言語文字，是不論何國語文都可以的，不必拘限於梵文、梵語。一般使用的所以僅限於梵文、梵語，這是因為佛出現於印度，梵文、梵語是當地當時所使用的語言，因為是佛語遂有神聖感。當時所有的經典都是梵文、梵語或巴利文，而今已譯成各國語文。其實咒文亦有意義之譯，但因欲令其進入絕對的「一如」境界，暫不宣說而已。善無畏三藏言：「至於論及真言法教，為一切之隨方名言，遍及諸趣。只因如來降跡於天竺，以傳法者約梵文以作一途，以明其義而已。」

若人通達真言之象徵，把握了神秘之精神內容，就能自悟開佛之知見。不限於梵文、梵語，凡一切音聲、一切言文，無一不是「生」之實相與法身真精神之表現，即所謂「溪聲廣長舌，山色清淨身」也。進而其表現的真言與精神內容成為一體一如時，其真言當體即是佛也。善無畏三藏言：「此聲字即是佛之加持身也。此加持身能成為普遍隨類之身無所不在。」這色心一如之處舉手投足無

一切言文悉是真言

非如來密印；開口發聲是滅罪真言，意之所思悉是佛之活現內容也。

第三節　手勢之表達

手印之由來

依言語文字無法表達感通其意志時，即以手勢或姿態來表現。由此去通達他之處，自有表出之衝動，有自然的人情。基此自然之人情，密教即以手態姿勢為標幟來象徵神秘一如之精神。以現實的，具體的，活生生的姿態來表現，名為手印。所以手印即是內心的表現。

手印之意義

手印就是手所結之印，梵語名「母陀羅」。有「印契」、「姿態」與「標幟」等三種意義。其中「印契」即是印章，割符（契）。此印章或割符是表明真實不偽，佛之說法純一無雜，沒有虛假，故又名法印。《金剛頂經》以佛之全身為大印，此「印」就是指姿態。然這裏所言「手印」，即是以手指象徵佛內證體驗之標幟，這印就是「契」，即是「標幟」，標相也。善無畏三藏言：「印即是法界之標幟也，以此印標示法界之體。」

兩種手印

手印分「自然」與「特殊」二種：自然者是基於自己自然表出而言。例如，人懇求天上之神時，自然抬舉雙手臂，欲與抱擁時自然張開手臂。特殊者，乃是為表現密教獨特之思想內容，而以手指依種種規約、技巧所作的印相。

自然之手印

以自然之手印來看：例如佛為應人之願求，起了施予之心時，就以展仰右掌向前伸出之手態來表示，這名為「與願印」。此乃是人「給與」之自然手勢，是最自然的表達方式。佛之說法，曰轉法輪，為示此法輪而以二手風空指作輪形為說法之印；表示淨心，將

關於施無畏印之傳說

技巧手印之發展

二掌重疊置於臍下，名「定印」，等等都是自然之手印。

再以「施無畏印」來說，其印相是伸右臂向上舒立，指掌心向外之手態。相傳佛於王舍城教化眾生時，提婆達多與阿闍世王策謀於狹隘的王舍城街道上用醉象嗾佛，乘此，擬殺佛陀。其時，佛舉起右手舒立五指，向其放射五色光明。五指又化現五百獅子，咆哮之聲震撼天地，狂象因而屈膝降伏。因此印降伏了狂象令其怖畏，故名「施無畏印」，亦名「五色光印」。此手印是由鎮壓大眾誼騷之自然手勢而來的道理是不可否認的。

手印的形成都是基於自然的手態，同時其由來極為幽遠。古時之佛像雙手大都合掌，或結「與願印」、「施無畏印」等姿勢，但密教之興起卻帶來了手印上的發展。手印不單用以表示自然之表情，還依種種的規約，以手指組合手印，來表示密教獨特的思想內容，其規約即是結此手印之要素。將左右之兩手十指各賦予特殊意義，例如左手喻迷的世界，右手為悟的世界；又以左手為靜，右手為動；左手為凡夫，右手為佛。所以合掌當胸就表示心佛眾生三無差別，「心者」迷悟不二也。而這些均左右對立地賦予意義。進而如左右各五指配於地、水、火、風、空五大；又通左右十指配於檀、戒、忍、進、禪、慧、方、願、力、智十度十波羅密即此也。依這賦予意義的十手指或組合，或屈伸來象徵種種的密義。

印母

為結此特殊手印，需有印母，其主要的有「握拳」與內闕之「合掌」。握拳有六種形式；在佛前為要頭額觸地之合掌有十二種。密教之特殊手印，均由這十二種合掌與六種握拳的印母來組成。

十二合掌

先以十二種合掌來説明：同等合掌中，令兩掌極其堅合，十指之尖端，能夠稍反的程度為「堅實心合掌」，表示堅實信心的印母。

不令兩掌堅合，將掌中少留空間為「虛心合掌」。以掌中之圓象徵月輪，以此表示「悟界」，亦表示「合一」。由兩掌張大恰如蓮花蕾形，名「未敷蓮花合掌」。指如蓮花在迷之污泥之垢所染的眾生本心，雖與佛之心同一本質，但並沒有與佛同一，仍是未開悟活動之心，故以蓮花之蕾來象徵。未敷蓮花合掌稍開兩中指端者名「初割蓮花合掌」。比喻未敷蓮花之眾生本心已經少許開始覺醒，進入悟的活動境地。以上種種名「蓮花合掌」，將合掌之指端，右加左互相交叉，比喻以左手迷世界的凡夫，與右手悟世界之佛，合而為一，曰「歸命合掌」。表示佛與凡夫已經感應道交，永遠住於不滅的金剛世界，故亦名「金剛合掌」。此外如作掬水勢為「持水合掌」；兩掌背合十指相叉為「反叉合掌」。又有右加左雙掌相疊的合掌；二小合，二中屈，成三角鉢散開的合掌；雙掌心向外，拇、中各相柱的合掌；雙掌向外二拇相柱的合掌等，皆是所謂印母。

六種拳

其次，「握拳法」有單手拳與雙手拳，單手拳有三種，雙手拳也有三種，共成六種拳。

單手拳

先談單手拳：三種單手拳者，第一、普通握拳，立大拇指押頭指中節側，此為「蓮花拳」，又謂「胎拳」，表示未敷蓮花形。第二、將大拇指入掌中握之，以頭指柱大拇指背，名曰「金剛拳」，亦名「三密合成印」。這拳印是以中指、無名指、小指三指，表示金剛不壞之身語意之三活動。即所謂身之行、口之語、意之思等，互相合致統一不相背。以大拇指代表這「一」而握着金剛不壞之身口意三密之活動、活現於無限，都是法身佛之常恆活動，是肉眼不能見的幽遠神秘境界，所以名三秘密，或三密。亦即如金剛的三密

雙手拳

活動，以「全的」、「合一的」來表示者，故名「金剛拳」，又名「三密合成印」。第三之單手拳是將「金剛拳」豎頭指與小指而少屈成牙形，名「忿怒拳」。佛於無限愛上擬將剛強難化之眾生攝取教化。如不動明王或降三世明王示現忿怒相，這大忿怒心的手勢表示即此拳也。所以降三世明王或摧一切魔菩薩，以大忿怒為根本的佛像都是以此「忿怒拳」為印母。

其次是雙手拳：雙手拳有三種，第一、是雙手十指外相叉合拳，此名「外縛拳」，亦名「金剛縛」，此「外縛拳」，其「掌」中圓表月輪，其外相叉之十指表向外發散的光明。這光明赫赫之月輪，即是象徵佛之體驗世界。所以表示佛體驗世界之標幟手印，都是用「外縛拳」為基本。第二、是二手十指內相叉名曰「內縛拳」。此即表示潛在凡夫之內心深處之本心、即是佛性。此種拳印中以掌內圓洞象徵月輪（本性），內叉十指象徵其光明潛在輕霧中的月輪（本性光明）中。第三、是以左為「蓮花拳」，右作「金剛拳」、以左拳大指自下入右拳中，此名「如來拳」。以左手「蓮花拳」表示凡夫內心潛在的佛性，入右手拳者，表示開發佛性之自由身口意之活動，已達如來境地。

手印之意義

如此，或合掌或握拳之種種考察創作，就是表現密教獨特精神內容之象徵，這即是密教之「手印」。所以若人徹明手印之意義、及把握了標幟內容，即能直參密教之神秘體驗。如果不知手印旨趣而遊戲視之，則恰如身入寶山空手而回一樣，此乃善無畏三藏之所誡也。

塔印

密教精神之傳承，都用「塔」與「五股金剛杵」來象徵。「塔」今依手印而言之，即有「理塔印」，另有「無所不至印」、「大窣

外五股印

覩婆印」，「大日劍印」等之異名。二手「蓮花合掌」，二小指、二無名指、二中指、六指端相合、三大指並立，寄於二中指本，屈二頭指端相柱，這是塔形之全貌表現。其二大指，特別是用來表示塔扉，從而有閉塔、開塔二式，上述為閉塔，將二大指展開附二頭指、則為開塔。

其次是「五股塔印」，又名「外五股印」。二手「外縛拳」，二小指，二中指、二大指立合，二頭指屈如鈎於二中指後這是表五股金剛杵形。此名為「五股塔印」者，於《瑜祇經》序品中有說此為「窣覩婆印」也。

中院流將此「理塔印」與「五股塔印」統一成為不二，名五部不二印、或曰五部都法、或兩部不二印相傳承。此即「蓮花合掌」二頭指屈與二大指端相合、二小指、二中指開立，以二小指、二無

手印與真言

滾動性之體驗與表現

名指、二中指為五股金剛杵、以二頭指二大指為塔形，表示金胎兩部二塔印合為不二。

要之這只是舉手印中之主要部分而已，在秘密儀軌中具說有種種手印。結印時必需誦其相應之真言，將此手印與真言二者相應，而如實具體的表現密教精神之奧秘。

第四節　事相之表達

無論是神秘一如之體驗，止於心的現象等都是不斷地流動的，剎那無有靜止的無常遷變，擬在瞬間把握這剎那即已移轉流去不能停住的實相。只有將之固定化、客觀化、而凝結具體化，成為不動之物，才能把握其所表現。

善無畏三藏說：「甚深法相無法直接宣說，只能借方便之力，予以事業化、象徵化，令初業者，措心有地，所作不空。」

表現活動與事相

此「表現活動」是漸進展的。其表現手段除了屬於身體、聲音機關、身之動態或手勢外，更擴展到身體以外之領域，如以劍、蓮花、月輪等種種事象，來表現自己之體驗內容。這表現的事象密教曰標幟或契印，或云三昧耶形。這劍、蓮花或月輪等、亦就是佛之體驗內容的表現標幟、割符（契）或印。又以三昧耶來表詮佛之內證體驗。

基本之三昧耶形

三昧耶形雖有簡單的或複雜種種形式，但是最基本的且富有共通性的是月輪與蓮花。

月輪之意義與內容

月輪之所以為三昧耶形者，可能是根源於「月輪是光明神聖」的思想。密教之《菩提心論》有云「佛心猶如滿月」或「見我自心（即本心——佛心）形如月輪」。如此以月輪來表現，象徵佛之圓滿明亮的內證體驗，此等內證體驗境地是清、明、涼，完全與月相同。所以《菩提心論》又說此內證體驗，以月來譬喻，明白「滿月圓明之體即類似菩提心」。

月輪中之三昧耶形

因此以月輪來表佛之內證體驗全貌。此體驗中之佛智或聖愛、說法等，以金剛、寶幢、輪寶等三昧耶來象徵作為標幟。

於此等體驗內容或曰「分德」之三昧耶形，都是其全德的月輪中之活現象徵，或云寓意、或云依事闡理、或內證意態。

蓮花座之意義與由來

其次是作為三昧耶形之蓮花座。無論印度、中國、日本佛菩薩之像都是坐立於蓮花座上，蓮花雖清淨可愛，但決非人所能坐立的大而強硬之座。《大樓炭經》或《大智度論》中說，大蓮花如車輪生於雪山之無熱地。這或許是種象徵性的說法，現在科技進步人類已進入太空，地面無處不至，而至今尚未見有如此的蓮花。澳洲有一種蓮花，其葉能放一個嬰兒睡覺，但蓮花卻軟弱無法載人。然而何故這軟弱之蓮花上佛菩薩能坐立於其中呢？在埃及之神話中傳說，太陽從東昇起時蓮花瓣開，太陽西沉時蓮花瓣閉。一般就信為太陽與蓮花必有關聯，說此太陽是出於尼羅河蓮花上。這種思想傳入印度，蓮花變成為聖誕的象徵，而成為梵天寶座。所謂蓮花清淨在泥而不染污，佛菩薩之精神本體活動亦如蓮花一樣，雖在世俗而不為俗所染。故以此為佛菩薩之精神本體象徵，用作佛菩薩之寶座。這種思想特別波及密教的佛座或手印觀念，因佛菩薩莊嚴形像是過去無量劫種植種種善根功德的結果。而「生於蓮花之上」方面是為表此功德誕生之象徵，故用此蓮花為座。於無著之《攝大乘論》中云：「依止於無量功德聚，所莊嚴之大蓮花王。」即可以明白。

不僅佛菩薩形像外表，其佛菩薩之內在的體驗，都不外是往昔

蓮花上之三昧耶形

所修之無量善根功德所生。所以象徵佛菩薩之體驗內容的劍，或輪寶等種種三昧耶形，亦都是畫於蓮花之上，以象徵功德之誕生。

蓮花與月輪何者為主

蓮花與月輪，於《大日經》說蓮花為主，故凡畫三昧耶形都先畫蓮花在其上，方畫月輪中之種種三昧耶形。但《金剛頂經》中卻以月輪為主，故先畫月輪，其中才畫蓮花上之三昧耶形。因為《大日經》是往昔之大悲願為主、《金剛頂經》是表理，佛智之體驗如此故也。

三昧耶形之內證與把握

無論以蓮花為主，或是月輪為主，都是以此等標幟、三昧耶形為觀境對象，去如實把握了解體認佛菩薩之內證體驗，言理言事原是不二的。內心躍動具現於外，就成為標幟、三昧耶形，同時透過標幟、三昧耶形，而得證入其內證體驗。故云「不背外相，必熟得內證。恰如執筆即思書寫、取樂器而發音，取酒杯思飲酒、取骰子

無實義之事相與三昧耶形事相

三昧耶形成立於事理不二之上

思賭博」一樣，取物動心是也。

如斯固定的、客觀的事物，並不會妨礙流動的主觀內心之理。但若固定的事物沒有附予任何意義，只是單純的存在着，即已脫離了表現活動領域，亦即失去所謂標幟、三昧耶形的資格。恰如沒有意義的泥中蓮花或天上月輪，當體不能成為標幟或三昧耶形。

所謂標幟或三昧耶形，不是單的一個事物或單純的存在，而是以單一的事物或存在，予以精神化。由此去體得佛菩薩的內證體驗之處，才能參與基於過去修養之主觀能動的態度，滲入這內化的自己之「表現活動」。

依此可以說，真的標幟、三昧耶形者是成立於「事理不二」、「物心一如」上的。即密教所謂「即事而真」或云「當相即道」。密教之所以用標幟、三昧耶形，不外是由此去調和事與理之對立，有相與無相的矛盾，如實體得並把握其不二之諸法真正姿態。這旨趣善無畏三藏説明此法謂「諸行人若放捨諸行，住於無相亦不可；執著於諸行，而住於有相亦不可」者此也。

若人能夠徹底了解這標幟、三昧耶之真義，不以單純的存在或單就事物上去看，而於其上加之以主觀能動的態度，使之精神化、內化，而通過這一事、一物來把握真義。至於觀見了宇宙大生命之法身並內證時，宇宙間之所有存在一事、一物無一不是標幟、三昧耶形也。故大師説：「體得標幟、三昧耶形真義之密教優於不了真義之顯教。」並於宇宙事物觀上，加以指摘説：「諸顯教中以四大（地、水、火、風）為非情，密教説此為如來之三昧耶身。」

三昧耶形之真意義

六大之原始意義

般若思想與六大之否定

第五節　六大之表達

為萬物之生存或生成，自所依立之大地，所潤的水、所溫的火，所賦予生氣之風、及所包容的天空都是絕對必要的條件，如果缺其一項，萬物就不能生成發展。萬物存在之處，無不有地、水、火、風、空。這地、水、火、風、空是通一切處存在着，而為萬物生成之根源。其為原種故稱為五大或云五大種。物質根源之五大，加了精神存在之基本的識大，亦名六大或云六界。

六大是萬有生存之基本元素。為免傾向於樸素的實在論，大乘佛教興起同時，被批判而加以陶冶。依《大般若經》等皆空思想的立場，力說「無地界性，亦無水、火、風、空乃至識界性」。此說所至之處，都是六大皆空的思想。

但是依此六大而生存的吾等之立場，都有與六大不可須臾或離的密切關係。無論如何否認其實在性，都無法將之從心念上抹去。所以從完全相反的方面加以反省，為象徵表現般若皆空之絕對境地，再予以活用。即在《大般若經》說：「如地、水、火、風、空等相，甚深般若波羅密多亦復如是。」誠如地大，廣大無邊為一切物之所依，為一切物生成之根本一樣，甚深般若亦如是。如水大，其性由高而下，普為水族之歸處，又能滋潤萬物、生長萬物，甚深般若亦如是。如火大能成熟一切物類，也能燒燬一切，不起我能燒之念，甚深般若亦如是。如風大可增長一切物類，又能摧殘一切，甚深般若亦如是。如空大無所不住，無染無著、甚深般若亦如是。總之，為表現無限絕對之境地，而取五大或六大來象徵。

以此五大或六大來象徵內證體驗思想，於密教中特別強調。

《大日經》中，以五大來象徵，表現秘密內證體驗之境地云：「世尊！譬如虛空界離一切分別、無分別、無無分別，如斯一切智智亦離一切分別、無分別、無無分別。世尊！譬如大地為一切眾生所依，如斯一切智智亦為天、人、阿修羅之所依。世尊！譬如火界燒一切之薪無厭足，如斯一切智智亦燒一切無智之薪無所厭足。世尊！譬如風界除一切之塵，如斯一切智智亦除去一切諸煩惱之塵。世尊！假喻水界一切眾生依此生歡樂，如斯一切智智亦為諸天，世人利樂。」

此說示譬喻之五大只是自由地列舉，與順序沒有關係，但依普通所謂地、水、火、風、空次第來說：以地大為一切萬物所依；水是清涼而去熱惱，賜與一切之歡樂；火燒一切之薪；風除一切塵；空離一切分別，無染無著等，不外以之象徵一切智智之體驗境地。

善無畏三藏說明此云：「如世間之種子，以地、水、火、風為緣，因虛空無礙故，然後生成、若闕一緣不能增長。一切智性之如來種子亦復如是，即以一切智門之五義自為眾緣，能至菩薩妙果者也。」

以地、水、火、風、空之五大，來象徵一切智門之五義者，即是一切所依（地）；清涼歡樂（水）；燒一切薪（火）；除一切塵（風）；與離垢無著（空）。《大日經》之《具緣品》也以不同的名詞來表示。即所謂「本不生，出過語言道，諸過得解脫，遠離於因緣，與知空等虛空」來表明。

因此，一切智智的境地之以為一切物所依，乃是超越一切對立，而包容一切本來不生不滅之絕對體也。其清涼而與一切萬物歡樂的絕對法悅之境地，是超越一切思議，故云「出過語言道」。燒

一切智門之五義與五字

一切無智薪、即能「諸過得解脫」；除去因緣相對之塵，即是「遠離於因緣」；離了一切分別之垢，即所謂「知空等虛空」。

以此本不生、出過語言道、諸過得解脫、遠離於因緣、知空等虛空的一切智門之五義。依《大日經．具緣品》所說之真言道，以一字之真言來表示，如次：𑖀（阿）𑖪（嚩）𑖨（羅）𑖮（訶）𑖏（佉）之五字門。這𑖀字表本不生義，是𑖀𑖡𑖲𑖝𑖿𑖢𑖯𑖟阿耨多羅（anutpāda）之字首；𑖪字是語言𑖪𑖯𑖎𑖿之字首；𑖨字是諸過塵垢義𑖨𑖕𑖭𑖿（rajas）之字首；𑖮字是因業義𑖮𑖸𑖝𑖿𑖪（hetva）之字首；𑖏字是虛空義，加以𑖪、𑖨、𑖮、𑖏等各字中所含𑖀韻，當處表示不生不滅不可得之境地，自然表示出諸過得解脫，遠離因緣等義也。

而此𑖀、𑖪、𑖨、𑖮、𑖏之五字又為象徵地、水、火、風、空五大之標幟，表現一切智門之五義，因此看做地、水、火、風、空五大之種字。

五字與四魔降伏

依《大日經》，以𑖀、𑖪、𑖨、𑖮、𑖏等五字，象徵一切智門之五義，是佛坐在菩提樹下，降伏四魔，成正覺時之心境。所以佛陀瞿呬耶（buddha.guhya）說：以𑖀字象徵悟五蘊，十二處，十八界等之一切法之本不生觀門，降伏蘊魔；以𑖪字象徵超越言語或分別之觀門，降伏成立於相對假立上之天魔；以𑖨字象徵諸過塵垢的解脫觀門、降伏諸過之煩惱魔；以𑖮字象徵遠離一切因業之觀門，降伏基於生滅因緣之死魔；以𑖏字象徵降伏了此等四魔後，得到如虛空無礙平等之境地。

五字與五字明

以𑖀、𑖪、𑖨、𑖮、𑖏等五字門來象徵一切智門之五義，就是降伏四魔當處的境地。故以來自五字門之𑖀、𑖪𑖰、𑖨、

हं、खं之五字明為「四魔降伏滿足一切智智之金剛字句」。善無畏三藏說明「此五字印降四魔之真言句也」。又說「本經（《大日經》）雖有三千五百偈，悉皆強調說此五字義」。

五大之圖示

五大、五喻、五義、五字門之關係如下：

（五大）	（五喻）	（我義）	（五字門）	（四魔降伏）	（五字明）	
一切智智（識大） 地	一切所依	（我覺）本不生	अ	蘊魔降伏	अ	降伏四魔滿足一切智智明
水	清涼歡樂	出過語言道	व	天魔降伏	वं	
火	燒一切薪	諸過得解脫	र	煩惱魔降伏	रं	
風	除一切塵	遠離於因緣	ह	死魔降伏	हं	
空	無礙無著	知空等虛空	ख	解脫無礙	खं	

五大與六大

由右表可知《大日經》只說五大而未說及六大。五大於秘密佛教認為是一切之元素，而且是如來內證之體驗境地，是一切智智精神方面之表現象徵。以此五大象徵一切智智，當體即是識大，亦即色心不二的一元論。故大師以詮示一切智智內之《大日經》所說偈頌，配於六大時，我覺二字配識大。「我覺者識大也」，因位名識，果位名智、「智即覺也」。這「我覺」之境地即一切智智、同時此境地即《金剛頂經》所謂「普賢、金剛薩埵之菩提心之當位也」。故即以金剛薩埵之種子字「 」吽字，為識大之種字。

於小乘佛教所謂五大，是指物質元素；識大指精神之基本。但密教卻不分五大與識大，此等不外都是一切智智之境地的象徵。言五大識大，色（物）與心是不異，其本性完全同一也。大師說：「四大等不離心大，心與色言異其性同也。」又「諸顯教中以四大為非情，密教說此為如來三昧耶身」。這密教之六大與顯教不同，當體即為如來內證之境地。表現一切智智之三昧耶，即不過是象徵其旨趣而已。

密教六大之意義

大師更說此六大之真意義偈頌云：「六大無礙常瑜伽。」並不是說這元素的大種之六大互相無礙涉入（外觀雖然涉入，但內在其性各自獨立而相依為一），於密教之六大觀，即各各都具如來體驗之一切智智的境地。其所表現象徵的，地大即是一切智智之地大；水大即是一切智智之水大。都是象徵六大各個之內容互相涉入無礙，沒有離反或背反，常處於調和相應（瑜伽）之境地。

第六節　五輪寶塔之表達

五輪之意義

地、水、火、風、空之五大亦名五輪。如地大曰地輪、水大曰水輪等等，「輪就是輪層、輪界、境域，由曼荼羅的梵語所譯」。此五大特稱為輪者，《奧義書》中說：「世界開展的第一步由梵生空、由空生風、由風生火、由火生水、由水生地而完成世界（此與中國五行學所説不同，五行學即金生水、水生木、木生火、火生土、土生金，這是物質化形來説的）。」上述之五輪即指地球，地球中心為空、空輪上有風輪、風輪上有火輪、火輪上有水輪，水輪上有地輪。因地球乃球像輪，其空風火等皆成輪層形故也。

依據《長阿含》之《起世因本經》云：無論是風輪或水輪或地輪皆有三十六萬由旬或六十萬由旬的厚層。其度是無際、無限、無量，但用無際、無限、無量是無法去捕捉其實體。為捕捉其實體必需用某些形象來表示，便能見此而信此。如用地球儀以觀察地勢一樣。總之要有如實感知的信念，必需具備有見聞知覺的感覺要素，況乎要依此等象徵來具體表現如來體驗之境地呢！

因此，密教即給地、水、火、風、空之五輪與特殊形象，如方、圓、三角、半月、空點，等以黃、白、赤、黑、青五色配之。

密教之五輪五形

小乘佛教以一切顯色為青、黃、赤、白、影、光、明、暗、雲、煙、塵、霧等十二種。唯識大乘，即加「空」一顯色成十三種。密教則只用五色以為五輪，五大之色即為一切顯色之基本。又將五輪、五大附與方、圓、三角、半月、空點等之形象，此乃密教之一大特色。

密教獨特五形之由來

何以用方、圓、三角、半月、空點等為地、水、火、風、空之五輪形象呢？聳立於水中的須彌山之基底即是方形，火之燃形即類似三角，其次為何水是圓形，風是半月形，空形是空點似有疑問。

這些徵文於《大日經》之《悉地出現品》有云：「[illegible]字以象徵水輪者，第一嚩字門是雪與乳與商佉（貝殼）之色也，而依臍中起鮮白之蓮花台於其中而住。」又說明風輪「智者於眉間觀深青之

水輪為圓、風輪為半月之原因

半月輪，此幢旛吹動之相也」。

由此觀之，以水輪為圓形，大概是源於水中抽出蓮花的思想而來，《大日經》所說之水輪觀言「依自己臍輪所生之蓮花上安立乳白色之𑖪字」者，即根源於毘紐拏（viṣṇu）為（çeṣa-nāga）入於水中禪定時，於其臍輪生蓮花，蓮花上生梵天，因而梵天創造世界的印度神話。此水中初抽出之一莖蓮花，即為水輪之代表標幟者，大概也是基因於此。不論其神話之真與否，水落在芋葉或蓮葉上即呈圓形，是不可否認的事實。水性圓融、如放入方形器中即成方形、放入六角形器中即成六角形，無論何種器形都能任意完成。風吹動幢旛、幢旛飄成曲線，恰如半月之形，故用半月為風輪形象，其理是可以想像的。其實「風」即是力也，用棒挑起一件重物，能挑之棒必然屈成半月形，所以半月形是風的代表，其理亦然。

空輪為團形之經過

以空點表示空輪者，善無畏三藏云：「最上之虛空作為一點。」這就是密教表示「菩提之空」的標幟。這空點在《尊勝破地獄儀軌》裏稱作團形，大概是說這空點就是團形。覺鑁上人稱此空點之形為團圓、水輪為白色圓形，而空輪為雜色團形。雜色團形，時而稱圓或團，但東寺之賴寶說明：「團形者，方圓不二之眾形，具足百態。所謂上三角、下半月、二相合成團形。」又云「五輪之攝以方圓不二，不過是三角與半月，乃方圓之半分」。總之，空中包容所有一切之當體。如牟尼寶珠出現萬寶，牟尼寶珠者，空之象徵也。牟尼寶珠之形就是團圓形，是圓形之上成尖形。上所述之上三角下半月者，其半月為基底者表空中有風，風即一切力量。萬物由「火」而生熟孵出，所以在空中之力，以熱能化成萬物，其全體乃是空、空即團形也。

密教之五輪標幟

無論怎樣，密教把地、水、火、風、空之五輪具體化，以方圓三角、半月、團圓之形來表現一切智門之五義，更進而象徵了依智門之五義所成立之法身大日如來。所以密教之以五輪為大種或云元素，而異於一般佛教所言的，是：「依此標幟來象徵法身大日如來之體驗境地。」五輪之輪的意義為輪層或云輪界、境域等，而與一般所說不同的，是：「指此地、水、火、風、空各個之標幟是輪圓具足之內證體驗。」

五輪塔與寶塔

為觀此天地萬有悉皆是以五輪來象徵之法身大日的顯現起見，密教即說五字嚴身觀，以象徵一切智門之五義的五輪五字安於行者所住的世界，或安布於自身之上，來配列作觀。其結果即觀此方、圓、三角、半月、團圓等五形所積疊之當體為大日如來之三昧耶形。於《尊勝破地獄軌》曰：「窣覩婆」。大師亦說此窣覩婆者

寶塔之由來與發展

（鍐）一字之所成，又是阿毘羅吽欠之五字所成。此窣覩婆有（鍐）一字的具體化之寶塔，與用五輪五字標幟之五輪塔二種。前者是金剛界大日如來之三昧耶形，後者是胎藏大日之三昧耶形。

字之寶塔亦名法身塔，不空三藏云：「字是法界之種字也，相狀如圓塔。」此圓塔是金剛界大日如來之三昧耶形，畫於金剛界曼荼羅之三昧耶會之中台。基壇上置略高形的覆鉢，其上作屋蓋與層輪，一般基於《法華經》所說，稱此樣式之塔為「寶塔」。

此「寶塔」之樣式是根據大師請來之南天竺鐵塔圖，於高野山建立高十六丈之根本大塔。大師以後，造塔供養之風氣及於民間。後來用金、銅或砂石材料建造寶塔，各處倣效。特別是藤原時代，這種風氣呈現空前的盛況，其遺物到現在還存在着。

五輪塔之由來與發展

大概基於此寶塔之建立所刺激，後來才興起造立胎藏大日之三

事相上之塔
印

昧耶形的五輪塔。依高野山之町石塔婆的「發願文」，沙門覺斅於「發願文」中云：「弘仁之時，大師以木材雕刻五輪，以此為每町之路標，是為建塔之始。」然其實際情形如何不能確知。

今仍殘留的遺物有，日本白河法皇保安三年（一一二二）建立的山城法勝寺，其小塔院之屋瓦上所刻的五輪塔；與後來白河法皇仁和二年（一一六七）平清盛書寫的《嚴島納經》之《般若心經》，以罫線而畫的五輪塔；以及嚴島平家納經筥的置金具之中的五輪塔最為古老。五輪石塔更有豐後臼杵町之深田，嘉應二年（一一七〇）及承安二年（一一七二）之刻銘、及浮雕之五輪塔等。

此等古代之五輪塔，都是以寶塔為金剛界大日之三昧耶形，相對的胎藏界大日三昧耶形亦有造立之。金剛界五輪之中央水輪刻有胎大日之種字 [illegible] 字，樣式是地輪比較矮；水輪下部略膨成瓶形；

火輪之三角緩交配斜形成為屋蓋；風輪空輪之半月與團圓縮小成為層輪屋頂，整體極似寶塔。此寶塔與五輪塔即是金、胎二部大日之三昧耶形；同時，用手指表現之「窣覩婆印」，亦即事相，成為各流派之傳法灌頂大事而被重現。

五輪塔之特別傳播情形

然而在《尊勝破地獄軌》裏，五輪塔不但是胎藏大日之三昧耶形，亦標幟金剛界之五部五智。金剛界大日之三昧耶形，覺鑁上人特別強調此五輪塔之功德，著有《五輪九字秘釋》、《窣都婆十種秘釋》、《日窣都婆式》等書，廣大宣揚此塔婆之功德。

五輪塔之形式與推移

經此宣揚之影響，日本鎌倉時代以後，較注重五輪塔，而普遍建造。同時，為追思、供養及祈使亡者得解脫，都把五輪塔立於陵墓上，成為今日墓碑之起源。

形式上，在鎌倉時代之中期與末期，地輪漸高，水輪成球狀，風空變大。而從南北朝至室町時代，地輪更高，水輪之肩略張，火輪反急，空風輪成長。因此五輪塔就變成多種形式，如町石塔婆，角塔婆、平塔婆、經木塔婆等，不但用石材雕刻，以木材雕刻的亦流行起來了。

第七節　聖像之表達

要充分表示密教之內證體驗，除了表現在言語上或事象上外，還必須具現於日常生活中。這具現之生活是完全活現於渾然態勢的身口意中。為要藉此身口意之各種態勢來象徵並標幟內證體驗，非將生活作業之瞬間身體姿態與予把捉，將之固定化，以之表現外，其他沒有辦法。

而此生活作業與一般不同，完全是密教之內證體驗的具現。此

佛教聖像之由來

等在人體上所表現出來的容姿態勢，必然與一般人之單純的七情六慾態勢迴異，是有隱藏特殊意義在內。所謂具有人間之一般性，自然性，同時更要有以上之超越性。兼備此超越性與自然性而將之融合者，乃是佛、菩薩、天等之形像，此形像名之為聖像。

依印度、緬甸、佛陀伽耶等之古浮雕來看，原始佛教時代之佛教徒，絕沒有塑造佛之聖像。這可以說，佛是得到無上正等正覺之宗教體驗者，其實質的生活態勢與一般人迴然不同，所以用常人之形體是無法表現其真相。而且以「迷人」之姿態勉強來表現的話，有冒瀆神聖不敬之嫌。基於這點原因，直到「乾達婆」美術興起，才有佛陀聖像的塑造。可是聖像與普通人肖像一樣，都是不能盡事宜的。為要充分的表現佛之內涵乃添加特徵，就附與肉髻、螺髮、廣長舌或眉間白毫等，此是世間轉輪聖王之相。佛即以此特有的三十二相、八十種好來表現。

密教之聖像

這些聖像在密教即賦予一般人所沒法看到的身色、身光；三面或四面；四臂或六臂，乃至千臂千眼的特徵，來象徵密教之內證體驗的特殊生活樣式。

身色之意義

以身色來說，於密教，對一切顯色之基本色青、黃、赤、白、黑等五色，其意義在《大日經》與《金剛頂經》中所說有些不同。依《大日經》系之經軌說，青是虛空色，象徵不能沮壞或降伏；黃為紫磨黃金色，表示金剛；赤為智火之色，表威猛除障；白是潔白清淨之色，表慈悲寂靜；黑乃劫災大風之色，表大力奮迅。但《金剛頂經》系之經軌即以青色為活動之色；黃為增益之色；赤是愛染大悲；白是自性青淨；黑即降伏之色。

五色與五佛

其次五色配五佛，若依《大日經》系經軌，即青是無量壽佛，黃是開敷華王佛，赤為寶幢如來，白是大日如來，黑是天鼓雷音佛。若依《金剛頂經》系經軌，青即阿閦如來，黃即寶生如來，赤為無量壽如來，白是大日如來，黑是不空成就如來。

依五方位來配，青是東方、黃是南方、赤是西方、黑是北方，白是中央，其圖示如下：

五色配五方

	東	南	西	中	北
	青	黃	赤	白	黑
	虛空不壞	紫磨黃金	智火威猛	白淨慈悲	大力奮迅
（《大日經》系之經軌）	無量壽佛	開敷華王佛	寶幢如來	大日如來	天鼓雷音佛
（《金剛頂經》系之經軌）	阿閦如來	寶生如來	無量壽佛	大日如來	不空成就佛
	活動之色	增益之色	愛染大悲	自性清淨	降伏之色

愛染明王與身色

不動明王與身色

光輪、光燄與火燄

於秘密佛教，其內證體驗之象徵上，佛、菩薩等聖像必附予其身色。且同一尊，隨其標幟不同之內容，身色亦異。普通如愛染明王，象徵其愛染慈悲之內容，身色作如日暉的赤色。但依《佛說瑜伽大教王經》即象徵其活動之內容而作青色。

又如不動明王，一般以黑色標幟其忿怒降伏，而依《佛說瑜伽大教王經》卻作「翡翠色」；在《不動使者秘密法》作「赤黃色」；於《底哩三昧耶秘密法》表以「黃色」。以現今遺留下來的文物看，江州三井寺之「黃」不動；高野山明王院之「赤」不動；京都青蓮院之「青」不動，都是很有名。

為表示菩薩異於一般人，在聖像周身附加光輪、或光燄、或火燄。光輪表攝取大悲之慈光；光燄象徵斷惑證理之慧光。特別是不動明王或降三世明王等表忿怒折伏之明王，為標幟其折伏智火的熾

聖像之顏色

多面多臂之象徵

盛而附予火燄。

從顏色上而言：為表理、智、事之三點或胎、金、不二之三德而有具三眼之愛染明王。又示金剛界之五部、五智而有五眼之金剛夜叉明王。若從頭而言，有具慈悲與忿怒面、利牙面等三面，亦有加了笑怒面的四面像，乃至有十一面、廿七面等。在手臂方面，有四臂、六臂、乃至八臂、百八臂、千臂等之聖像。

在《七俱胝佛母陀羅尼經》有云：「若求不二法門者，要觀二臂；若求四無量心者，要觀四臂；若求六通者，要觀六臂；若求八正者，要觀八臂；若求十波羅密者，即觀十臂；若求如來普遍廣地者，即觀十二臂；若求十八不共法者，即觀十八臂。」在《繪像法觀》裏亦云「若求三十二相，即觀三十二臂；若求八萬四千法門者，即觀八十四臂」之說法。其手臂、面之數目多寡，眼之或二或三或多，都是象徵各尊之特殊內證體驗的表現標幟。

聖像之超越性與人間性

為了表示聖像中寓有特殊的內證體驗，我們以身色或身光、多眼或多臂等來象徵之。從這超越性之處，才能湧出靈妙、尊貴、感謝等之神聖感及宗教情操。然若過於超越性或象徵性，聖像會變成怪誕不經，不能順乎人間一般的理解，所以聖像需要有某種程度的人間寫實。但若過於寫實，雖易理解，卻易流於由感情交織而成肖像，越出了聖像的界限，喪失其為聖像的功能。

聖像理想的表現

因此，須將寫實性與超越性二者巧妙地加以調節融合。在合乎人理解的範圍內，又能感受到其神聖之妙趣，宗教體驗之神秘也能在其姿態上烱然泰露，這才是所謂理想的聖像。於古今名作之聖像前，吾人若能體達其所表現的精神，宗教體驗當體發露時，必會禁不住地低頭膜拜的。

聖像之精神化

聖像不過是種創作，然由聖像之身色或身光或多面、多臂、多眼等標幟象徵，能味得其內證體驗。而將聖像予以內化、精神化，然後以神秘體驗之光明照破凡迷，成為無限化的時候，這有限之聖像當體即成為無限真佛。透過此聖像而親覲真佛之慈容，得受其感化，同時真佛之生活表現，當體得實現於自己身上也。

第八節　曼荼羅之表達

密教之精神與曼荼羅

世界上，一草一木都各有其立場與特色。以其所有一切為背景，一刻一刻地向無限的絕對而活現着，這即是真正之現實。同時能夠知見其如實且味得其現實者，乃是密教之真精神。此真精神用群像，或種種事象，或種字來表現象徵，而予以「全」地概括的，即是曼荼羅也。

曼荼羅之語義

曼荼羅之內容

「曼荼羅」雖有種種樣式與意義，若從梵語原義來看，「曼荼」即「粹實至實」或「充足」之意，「羅」字即所謂：「具有粹實至實。」藏譯《大日經》謂：「曼荼者即粹實至實或本質義也，羅者成就義也。」佛陀瞿嗢耶說：「無上菩提（覺）之明悟，為最勝無上之本質，是粹實至實也。」此徵於「釋迦彌怛羅」說：「曼荼羅者，乃粹實至實之義，完全如酪之粹實至實一樣。於此教，以無上正等正覺為本質，而粹實至實取得此本質，即為曼荼羅也。」

如上所述，可以明白，密教之曼荼羅者，即無上菩提。亦即於無上密教精神之如實把握上，將其置於全與個的關係上來表現象徵的。

怎樣地表徵全與個的關係呢？暫以金、胎兩曼荼羅來說明，金、胎兩曼荼羅都以中央大日如來標幟「生」其物之我體。從此流出所發現的無量無數之眷屬，此等諸尊眷屬為「生」其物的內容，象徵「全一」中之各個細胞體。

其「全一」中包容各個細胞體，成為「全一」的「生」其物之眼或耳、腦乃至四肢等。由其手足而行動，全靠此等個體器官而生成「全一」的活動。因此，「生」其物的全一開展愈發達，其內容的細胞更加分裂，分化變成各種各樣，而各個相互交涉，各個都以「全一」其物為背景。由個體之立場，建立自己之世界。經由自己之世界，各個輔翼「全一」，重重無盡而莊嚴地豐富「全一」其物當體。

曼荼羅之個與全

此全與個關係之諸尊集會就是曼荼羅，故善無畏三藏言：「曼荼羅名聚集，今以如來真實功德集在一處，乃至十世界微塵數之差別印，輪圓輻輳，輔翼大日心王。為使一切眾生普門（全一）進趣，故說此名曼荼羅。」

如斯，各個體由自己之立場，輪圓輻輳去輔翼「生」其物的大日如來。但是其個體之原動力本是「生」其物所發生。因為以「生」為根本，這「生」當體之「全一」，都是通過各個體而一刻一刻地活現於永遠，無限地莊嚴自身。

當然，莊嚴「生」其物內容之活動是無盡無限的。但是具體地以人間樣式來說，就是身語意三方面的活動，這身語意即是三無盡藏也。三無盡藏之活動，於「生」其物當體上，是不被任何物所制肘的自由活動之金剛舞戲。但是其內容，依各個立場分成對立之能化與所化。因對所化之一切眾生，特別強調能化的佛菩薩之活動故也。

《大日經》別序等說：「『生』其物之大日如來常為攝化眾生，

三無盡莊嚴與四種曼荼羅

而示現種種不同之佛菩薩，應化於各種世界，以不同的『言語』，說種種『法』，開展種種佛意。」善無畏三藏說：「依三業無盡故，若以身度人，即普現種種色身；若以語度人，即由普門（全一）示現種種語言，隨宜示導入佛知見；若以意度人，亦復如是，種種感通無窮無盡。」

以此「生」其物的活動來表現三無盡藏莊嚴，就是自然形像之大曼荼羅、三昧耶事相之三昧耶曼荼羅、種字梵文之法曼荼羅與供養事業的羯磨曼荼羅等四種；亦即身、語、意、一如等四種。以此四種來概括所有曼荼羅，不空三藏云：「以此四種曼荼羅攝盡瑜伽之一切曼荼羅。」

因此，一切之曼荼羅均是此「生」其物當體，而此不外是大日如來之身、語、意三活動，以全與個的關係所表現。言身、語、意，當然指的是超越有限對立的「絕對身語意」。故言身，即一切活動皆是身；言「語」，即一切活動皆是語；言意，即一切活動悉皆是意。這身、語、意三活動，各個都攝盡一切活動無餘，悉皆平等無礙。故云：「如來種種三業，皆是第一實際，境至妙極。身等於語，語等於心，猶如大海遍一切處，鹹味同一也。」

因此，四種曼荼羅不外是「生」其物當體的絕對活動，用「身」、「語」、「意」與活動當體的四方面來表現象徵。這等相互交涉關聯為一體、不可須臾或離之內容，就由各個自己之立場去統攝表現「生」其物的「全一」而無所缺。故大師說此為「四種曼荼各不離」，更說：「如斯之四種曼荼羅，四種智印，其數無量，一一量，等同虛空，彼不離此，此不離彼，猶如空與光無礙而不違一樣。」

第九節　秘密莊嚴之曼荼羅

基本之曼荼羅

曼荼羅其數雖然無量，但最基本的即是胎藏界與金剛界曼荼羅。密教之所有曼荼羅，皆從此基本開展出來，凡密教曼荼羅，均此兩部所攝。吾人先從胎藏曼荼羅，略觀一二。

胎藏之意義與內容

胎藏者，「生」其物之真我。以所有一切為自己之內容——細胞，包藏於其胎內，以自己之生命「氣息」來活現，而哺育者也。何故哺育一切萬物呢？因呈現雖有千差萬別，不外都是自己之內容，自己之細胞，觀一切猶如己身之謂也。活現一切、哺育一切，就是同體大悲。以這種同體大悲精神來活現一切、伸展一切。通過各個細胞去充實「生」其物的內容，並擴大其莊嚴活動。用圖像來表現者，就是「胎藏曼荼羅」，又名「大悲胎藏曼荼羅」，或「大

秘密莊嚴之曼荼羅

現圖之十二大院

悲胎藏生曼荼羅」。

此大悲之本質即是胎藏，由胎藏之力，而活現所有一切物，伸展一切物。通過各個之立場，去充實莊嚴神秘一如之「生」其物內容。故從「無盡莊嚴」上言，是為「秘密莊嚴」之曼荼羅。

因其不同形式與各種象徵表現，即有不同的曼荼羅。但此基於惠果和尚親自傳承給大師之寄寓密教精神圖像，來開展說明者，如其第五圖八葉中台院，乃至最外院之十二院即是。其中央之中台八葉院，因赤色八葉蓮花大而畫在中台故而得名。其八葉蓮花乃表示「生」其物當體之全一大日如來，窮越往昔幽遠之時間，創造再加創造，繼續不斷地大進行以來之過去一切功德行蹟。即以八葉表示「生」其物之胎，以其中央之無數鬚蕊，表示其胎內所包藏之「一切細胞體，依其各個所充實莊嚴之廣多功德行蹟」。善無畏三藏

八葉九尊

持明院

遍知院

說：「依此葉藏所包，不為風寒眾緣所傷壞，令淨色之鬚蕊，日夜滋榮，猶如大悲胎藏。」

積集了無量無邊之過去功德行蹟，才會有今天之當體的大日。為表達此，即於其八葉中央畫寶蓮，其上畫戴寶冠、纏天衣之大日如來妙色身。其四方與四隅之八瓣上畫四佛、四菩薩，這乃表示「生」其當體胎內包藏之各個細胞，如何地去自覺活現於絕對及無限的因行，如何證入之路徑。

吾人亦是此「生」當體胎內所包藏之細胞體，為要能完全活現於絕對無限起見，無論如何都非打破這以個我為中心之迷妄不可。象徵打破迷妄的降伏功能，即是中台八葉院下面的持明院。其持明院使者即畫不動明王或降三世明王，以此表示打破迷妄之始終者。

打破這迷妄的結果，是以所有一切為自己內容去把握了全的意義，而敞開了遍知，表示此當相者即中央八葉院上面之遍知院。這乃是不因於任何對立之空、無相、無願等三解脱智，以三角形來形容之。

佛部大定曼荼羅

此持明院與遍知院，就是中台八葉院之全一胎藏境地。以破邪與顯正；消極與積極等兩方面分列上下來表示之。故持明院與遍知院之合體即中台八葉院。亦即合此三院表示「生」當體的佛陀聖體，此名為佛部，表示超越一切對立之大定境地。

金剛手院與觀音院

此佛部之大定境地，本來就具備有照見一切之光明智慧，與活現一切之慈悲動力。將此予以展開的，即左右之金剛手院與觀音院。手執大智金剛杵之金剛手菩薩為中尊者即前者；象徵大悲之觀自在菩薩為主尊者乃後者。如此成為大智之金剛部族與大悲之蓮花部族，故亦名金剛部院以及蓮花部院。

三部曼荼羅

將「生」當體胎內所具有之大定、大智、大悲三德分為：佛部、金剛部、蓮花部，以此來表現而體系化之曼荼羅，名為三部曼荼羅。又因通了胎內包藏之各個細胞體，而互相充實其內容擴大其莊嚴，故亦名秘密莊嚴之曼荼羅。

曼荼羅動之方面

以中台八葉院為中心，而環捲此四方之曼荼羅為第一重，以「生」當體之胎藏全貌，公開來表示靜的姿態。但是「生」當體本來是動之物，刹那無有靜止，一次又一次地分出所有一切物，不斷地以展開、創造，向永遠之彼方行進。

這大進行之前途，是無窮而多方面的。但是依各個之細胞為基點則其有：（一）以個體為自己，而掘下深處之內，把握了其奧底流動着的「生」其物之實體，活現於絕對、無限、完全如實。（二）將此個體的自己當體廣伸向外、攝化其他、同化其他、做社會的、廣大的之活現等二方面。前者名自證、或云體驗;後者名教化、或云化他。若以前者為向上門,則後者即向下門也。這向上門與向下門,自證、化他二方面之活動即「生」當體之本來妙用。

從胎藏曼荼羅看,遍知院上方之釋迦院就是表示化他向下門的活動,這就是第二重。此釋迦院是以人間界之教主釋尊為中尊而畫者,以此表示以人之立場,廣大外伸,攝取而教化其他來活現全一者。此向外伸展的攝化活動,不只限於人之立場。亦有以天人、餓鬼及其他所有一切的個體為立場,以之為中心,而起化他行業的。在《大日經》亦有以餓鬼為主之閻魔天曼荼羅;天人為中心之曼荼羅;帝釋為中心之曼荼羅;其他如水天、地天等之曼荼羅,今只舉以人間為中心者,其餘略之。

對於文殊、除蓋障、地藏、虛空藏、蘇悉地等五院是自證向上

釋迦院

向上進取之曼荼羅

門之具體表現，而予以體系化者，此為第三重。此第三重之曼荼羅是表示：體得了不被對立觀念所囚之全一的完全活現之文殊智慧；同時除去消極的個我束縛之蓋障，積極獲得了大地之眾寶伏藏一樣的功德；其結果如虛空而包藏一切，而不被其所囚；以其活用的妙成就，即蘇悉地之活動體得，表示這絕對之處，才能完全活現於無限。

最外院

最外部之四方者，總稱為最外院，為擁護此內部之秘密曼荼羅而歸依者，即諸世天之曼荼羅也。因此，畫有印度一般崇拜之日天、月天等十二天、十二宮、廿八宿等，都是為攝化世上任何種族人類而予以象徵表示的。

秘密莊嚴曼荼羅之要諦

要之，「生」當體的胎藏曼荼羅就是秘密莊嚴曼荼羅，以蓮花表示，故又曰蓮花曼荼羅。但是「生」，以所有一切藏於自己胎內，而其所包藏的細胞體各個都活現了輝煌的過去功德行蹟。甚至於未來劫亦以之積疊聚集，刻刻地生成展開、互相扶助去充實「生」當體之內容。這廣大莊嚴的實相，以蓮花來表達，亦可以用塔婆形來表現象徵。換言之，以蓮花來表現之曼荼羅，也可以用大日如來之縮小的三昧耶形「塔婆」一項來表徵。

第十節　五股金剛之曼荼羅

金剛界曼荼羅與五股金剛

另一與胎藏曼荼羅並稱者，乃是金剛界曼荼羅。此金剛界曼荼羅、是象徵金剛不壞之永遠世界的圖示者。此曼荼羅各種圍繞境界，以五股金剛杵為界址。即是如實地表示永遠不滅的金剛世界，故稱五股金剛曼荼羅。

五解脫輪

此曼荼羅中央畫有五股金剛杵為緣之大金剛輪。其中以五個月

永遠不滅之世界與阿閦佛

阿閦佛與其四親近

輪表示五解脱輪，無論怎樣都與五股金剛杵同樣地表示五智、五部、五世界。

於五解脱輪中，東方表徵永遠不滅之金剛部族世界。表示所有一切，時時刻刻地活現於永遠，這即所謂金剛部。於體驗之智慧上說，即所謂大圓鏡智。依此如大圓鏡般明朗的悟之智慧，始能體驗永遠不滅之如實的活現。此解脱世界之主佛，名阿閦如來，或云無動如來。表示於對立觀念中不被一切煩惱、不安所轉動，不斷地活現於永遠無限者。所以此佛基於對立觀念上之死魔或煩惱魔的降伏，而結有降伏手印。

此阿閦佛，即是以無動佛之境地去向四方展開者。此即是活現於無限的永遠人「金剛薩埵」。將此立場去鈎召攝取一切之金剛（鈎）王，把所鈎召之一切以為真我的內容而熱愛之「金剛愛」，將此自他平等實現喜悅世界的「金剛喜」等四親近，故由此四親近來圍繞阿閦佛。

絕對價值世界之寶生佛

次南方之解脫輪，是表示體認絕對價值的寶部世界，這就是平等性智之境地。由此智慧，使所有一切物同樣地呈現至上價值，而使用之，此處才能展開一切使成財寶世界的價值。此世界之主佛名寶生如來，其左手持寶珠，右手結「與願印」，即表示平等活現一切為財寶。同時應眾生之願，給與一切，令一切享用不盡。

寶生佛與其四親近

以此寶生佛之境地向四方開展者，即金剛寶、金剛光、金剛幢、金剛笑等四親近。此表示以物質上之財寶及精神上之智光施予一切之活動，以此活動而實現歡笑的境地。又從另一個觀點上看，所有一切物皆是宇宙大靈之顯現，故皆具有絕對性的財「寶」價值；一切物皆有靈「光」獨耀之本能；一草一木皆有向上邁進的寶「幢」

性；一切物皆在眾緣互助互涉下發出微妙音「笑」聲；其本體乃平等互惠的平等「性」智。

正智聖愛之世界與阿彌陀佛

又西方之月輪是象徵正智與無限愛，是蓮花世界。恰如蓮花生於污泥而不染污一樣，一切所有物雖呈現千差萬別，但悉是自性清淨的生命體。或於全一體上的微妙觀察言，即所謂妙觀察智之境地。依此去觀察一切，一切無非是自性情淨之全一體。同時油然而生起「同體大悲」，開展出無限愛之世界。此世界之主佛名阿彌陀佛，即無量壽如來。結着「定印與説法印揉合的彌陀定印」。此佛一面統一精神（心），觀察活現無限的自性清淨之全一體，另一面於同體大悲上説法教化一切眾生，表示無限愛之境地。

阿彌陀佛與其四親近

而微妙觀察此無限的自性清淨之全一體者，就是觀自在菩薩的「金剛法」；以此妙觀察智，超越種種基於對立觀念之戲論，即文殊菩薩的「金剛利」；由此無戲論智為基因，將此世界實現為曼荼羅世界的開顯，即曼荼羅的「金剛因」；而將此境地如實地開演給一切眾生者，即「金剛語」菩薩。此「金剛法」、「金剛利」、「金剛因」與「金剛語」之四菩薩，即是阿彌陀佛內證展開的四親近。

自由活動之世界與不空成就佛

其次位於北方之解脫輪，是標幟不為任何物所拘束，自由活動創造之羯磨部世界。即表示將見、聞、嗅、味、觸等感性世界，永無矛盾地予以統制整理，並完全成辦其統制所作的成所作智之境地。依此成所作智，由個成為全、全通過個，展開遊戲神變之創造世界。此世界之主佛，名不空成就佛，亦就是表示何事都不會失敗，必定成就的意義之佛。因此本尊舉右手作施無畏印而住，表示不為任何煩惱或不安所困，能超越一切怖畏地自由活動。

此自由世界之不空成就如來之活動、向四方展開，即「金剛

不空成就佛與其四親近

神秘一如之世界與大日如來

業」、「金剛護」、「金剛牙」、「金剛拳」四親近。此世界創造之活動象徵即是「金剛業」；為金剛事業，不為遊惰放逸，及一切誘惑的護身警覺，即「金剛護」；為此在積極的行進中，摧伏一切魔者，即是「金剛牙」；其結果完全行至身、口、意三方面，這三方面活動之處，完成合一的成就表現，即「金剛拳」。金剛拳菩薩即雙手握拳按腰，其頭略傾，表示其成就的傲慢之相。密教以此名謂「三密合成印」，表示三密活動完全合一成就之意。

如斯，東南西北所住之金剛部、寶部、蓮花部、羯磨部四部。以精神方面而言，即大圓鏡智、平等性智、妙觀察智、成所作智等四智。依此來觀其內容即永遠、價值、聖愛、自由之四世界，予以綜合而溶融活現於全的一如，即所謂如來部、又名法界體性智。此為全一世界之真體性，如實去體認的境地。猶如太陽之普照一切，活現一切的大毘盧遮那，即大日如來。為象徵其體驗境地，故結着正智合一表覺勝之「智拳印」。

大自如來之開與合

此法界體性所住之如來部大日如來的境地，將其展開四部、四智、四世界、再加擴大即是「金剛薩埵」。乃至「金剛拳」，十六大菩薩等，此開與合並兼，即成五部、五智、五世界，故以五月輪或五股金剛杵來象徵。

五佛十六尊與十六女尊

總之，此金剛界曼荼羅，即是象徵五佛十六尊、五部、五世界之實體者，此為男尊之形。然此五部、五智、五世界是靈的生命之發現體，是永遠在活動、在生機、在展開而須臾沒有靜止的。為表示此「不斷」的妙用，即以四波羅密，八供與四攝等十六女尊，標示全一之大日如來，與其展開之個體四佛間之關係，以表示互相供養之供養活動。

妙用能力之女尊

互相供養之妙諦

此妙用能力，梵語云：「鑠底」（cakti），意即女性，故以女尊之形來表示。因為其妙用是由個而全、由全而個的互通之發現活動，就是聖之當體與聖當體之交涉。以互相崇教的誠念，故將此妙用以供養一詞來表達。

個體之四佛為供養全一之大日如來，即以「金剛波羅密」、「寶波羅密」、「法波羅密」、「業波羅密」之四天女行之。為酬答此供養，全一的大日如來示現內四供養的「金剛喜」、「金剛鬘」、「金剛歌」及「金剛舞」之四天女供養四佛。又四佛從而示現外四供養的「金剛香」、「金剛華」、「金剛燈」、「金剛塗」之四天女，去供養大日如來。如此地互相供養，使全一的大日如來倍增威光。結果示現了曼荼羅四門之「金剛鈎」、「金剛索」、「金剛鎖」、「金剛鈴」之四攝天女。以金剛鈎去鈎召一切迷者，使其親近金剛不壞之曼荼羅。為已親近者令其入內，而用索引令不再迷出，再以鎖縛，又以鳴振象徵無限說法的鈴，令其沈浸法悅。

金剛界三十七尊

此等四波羅密、內外八供養、四攝之十六女尊，為定門十六尊，亦名十六明妃，加男尊十六大菩薩、五佛成為三十七尊。以此三十七尊來表現五部、五智、五世界之實體妙用，並巧妙地與圖相組織，即金剛界曼荼羅也。

賢劫千佛與五類諸天

而此曼荼羅之第二重，畫有賢劫千佛。這表示依常恆理智立場，其全一之生命體，通其個體，而各個不斷地活動充實莊嚴其內容。金剛界畔外畫有五類諸天，即表示如大自在天一樣的剛強難化之諸天，亦終於被教化成密教精神的金剛薩埵、成為密教之擁護善神。

第三章　密教之特質

密教存立之意義與持質

其特質之鮮明法

密教之成立與當時之印度情勢

第一節　密教存在之意義

密教之所以能「存」、「立」，必有其存立的意義與特質。要明白其存立意義與特質，須從其獨特之立場來看。那麼密教之特質或獨自立場是什麼呢？為明白此密教之特質或其獨自立場，必需把密教與其他宗教或教法作比較。由比較去觀其全貌，把握其反顯處才能明白，恰如「入山不見山，出山可見山」一樣。

密教在印度成立時，印度已有小乘佛教及大乘佛教之瑜伽唯識派與中觀性空派。而此等學派演變到當時已形式化了，失去其本學派的精神。徒將「佛」理想化，只以完美無缺之聖人，投影於彼岸。但愈理想化則吾人離佛愈遠，變成凡人成佛無期，只好望劫興嘆。結果若無積聚難行的苦行，經大阿僧祇劫之無限時間，便無法成佛。

即身成佛為立場的密教

如此之佛教變成理論化、形式化、理想化，而由實際生活遊離失去其存在意義。從獨自立場反觀佛教，若一直延用平凡的方法，恐無法在此生成佛。因此有八大宗王之稱的龍猛菩薩叡智發現，以真言陀羅尼之不可思議力，必可直即成佛的方法。即由凡身而能速得實現佛之活動，此乃真言密教。

於印度之顯密二教判

於《金剛頂五秘密經》說，當時印度所存在舊有之大小乘教統稱為顯教。此與真言密教比較對照：「於顯教修行，須經三阿僧祇劫之久，然後得證無上菩提，其中發心者十進九退。」又《大日經》說：「於無量劫，勤求修諸苦行，不能證得，然行真言門道之諸菩薩，即於此生獲得。」

依此看，印度之舊有佛教，將佛予以理想化、概念化，以經劫成佛為立場。而真言密教即將之予以現實化、實際化。而力說即身成佛，強調速疾頓證，當處即有其特質，有其獨自之立場與存立之意義。

中國之一乘教之密教

在中國，其情勢不同。開元年間，善無畏三藏或金剛智三藏，傳正純密教於中國時，中國之天台宗及華嚴宗已成立。且力說龍女成佛與疾得成佛、雖非密教，但仍依理而說即身成佛之旨趣。當時，如果與印度一樣，單有即身成佛的理趣，可能就沒有密教獨自立場的建立，亦無由顯出其特質。然密教根本經典《大日經》的譯解者，善無畏三藏或一行阿闍梨等，僅是印度密教立場的傳承。如云：「說法有四種，曰：三乘及秘密乘也。」此秘密乘是密教相對於含全三乘教的唯識、中觀而說。把華、天兩宗同看成是一乘教。

再加不空三藏說：「變化身佛，為地前菩薩及二乘凡夫說三乘教；自受用報身佛，為從心流出之無量菩薩眾而說三密法門。」如斯從能說之佛身上，去闡明密教之特質。這仍未脫去「三乘教與密教」之四種說明的領域。而未說及密教與中國之華、天兩教派之對比，真言密教的地位是如何？有如何的特質？

中國密教與弘法大師

始傳此中國密教到日本之弘法大師，於大同元年十月由唐歸朝。到筑紫，隨即撰《請來錄》，將所請來之經卷及什麼是密教，奏聞朝廷。大師依《金剛頂五秘密經》及不空之《表制集》而說：「顯教談及三大之遠劫，而密教是十六大生可期。遲速勝劣、猶如神通與跛驢。」強調密教之立場，並與他教相比，力說密教之殊勝。依筆者的看法還是不出「三乘教與密教」之四種說法範圍。

大師當時日本佛教之大勢

大師當時之日本佛像，已有俱舍、成實、法相、三論、律、華嚴等六宗林立於南都。在北嶺亦有新開創的天台宗，各個大張門戶互相爭論。介在其間的大師、欲傳此真言密教，若仍以「三乘教對密教」之教判法，是無法屈服華嚴及天台之一乘教學者、決不能樹立密教之新教幢。

此時，大師即把華、天兩一乘教併入。以顯教中之聲聞、緣覺二乘、及法相、三論之三乘教，為應化身佛所說。華嚴、天台之一乘教為他受用，報身佛所說。而真言密教，為自受用，智法身所說，亦即所謂「三身二教之教判」。這「三身二教判」的倡導，起於何時，已難獲知，至少於大師歸國後九年，約弘仁六年就已完成了體系與整備。弘仁六年四月一日「某記」中引用《楞伽經》、闡明真言密教之特質。強調報身、化身所說的一乘、三乘教法，都是隨機方便，不明佛自證之境界，此境界僅限於法身佛所說之真言密教，才有言及。並舉華嚴之《十地論》及天台之《摩訶止觀》為證，說顯教之一乘教是以佛自證之果界為不可說的默視。

大師之一乘對密教

顯密二教論之成立年代

立在新見地十住心之教判

翌年（弘仁七年）五月，最澄（傳教大師）以書邀請泰範，辯「法華一乘與真言一乘之優劣在何處」時，大師代泰範予以駁斥曰：「法佛與應佛不無差別，況乎顯密之教何無深淺。」而昂揚密教之獨自立場。復歷經種種試煉，著有《辯顯密二教論》，包容了華、天兩一乘的顯密二教判，大師之思想於此遂告大成。

此《辯顯密二教論》的完成年代亦難確知。若依智山之運敞師所言：大師之《廣付法傳》之末的「法身說法章」中，「要明法身說法之大義」之語，就是出於《辯顯密二教論》。故此書之撰述約完成於弘仁十二年以前，因為《廣付法傳》中略述，大師之《略付法傳》的撰述是在弘仁十二年九月。

為顯明密教之特質，及宣揚密教之獨自立場，大師之思想愈趨圓熟通達。不管是二乘、三乘等佛教，甚至印度的婆羅門教、中國之儒教、道教，大師均予以攝取檢討批判。對此，完全以全新的見地，體系化地去闡明真言密教之特質及所佔之地位者，即《十住心論》十卷與《秘藏寶鑰》三卷。

十住心論等之成立年代

《十住心論》與《秘藏寶鑰》完成年代，難以考察。但依《十住心論》中所云：「受天之恩詔，而述秘義。」及《秘藏寶鑰》中所說之「我今蒙詔撰十住」等語來看，都是應勅的御作。故仁和寺濟暹僧都說，護命之「法相研神章」與玄叡之「三論大義章」都是奉淳和天皇之勒的造進書。由此推定，《十住心論》、《秘藏寶鑰》二書，可能是天長七年大師五十七歲時所作，亦是大師思想最圓熟通達的作品。

密教之特質與秘密莊嚴

總之，大師是以真言密教，為佛自證之體驗世界如實之闡明。依此真言密教，才能體認全一之一切萬物，互相地交涉關聯，一刻

恆沙己有之無盡莊嚴

一瞬地活現於無限的真我之妙姿。若人能依此真言密教，必能開秘密之慧眼，知見真我之妙姿，天地之真相。體會到宇宙間一切所有，悉是真我之內容。其一事一物，均以宇宙之一切為背景，一一皆活現於絕對的無限中。依各個獨自立場表現其異相，共蘭菊競美，而無盡地莊嚴宇宙。

此無盡莊嚴真我之內容，如實知見與體驗之處，才有真言密教之特質。同時，為導入此體驗境地，時而現出五百由旬之化城；時而舉楊柳之愛，以安撫無知小孩般，應機處變、方便說法，因而顯現了二乘或三乘或一乘之顯教。大師之《辯顯密二教論》云：「所以化城息賓，楊葉愛兒，何能無盡莊嚴，得保恆沙之己有乎。」而予以喝破。

大師之後，禪、淨土、或日蓮等各宗，及新興宗教相繼掘起，

特質之發揮是存在之意義

顯密二教判之由來

擴張自己立場之教線。雖以種種方便吸引民眾，但都未能發揮至無盡莊嚴，與把握恆沙己有之妙境。真言密教卻能予以發揮、體驗、宣揚，因為這特質，將永遠不失密教存在的意義。

第二節　顯教與密教

佛之教法，分為顯教與密教，由來極古。龍樹之《大智度論》中已有「佛法有二種：一是秘密。二是顯示」之判釋。但是「所謂顯示是以出家修道者之立場，以其時代露出表面，易被人見的聲聞緣覺而言。秘密者，所指是不為人見，具有深奧內容之和光同塵的在家菩薩道修行者」。因此龍樹的二種佛法，即是當時之聲聞道與菩薩道。換言之，即小乘教與大乘教。

其後《大日經》及《金剛頂經》等相繼成立。不但其教之內容深密奧妙地直示佛之內證體驗，其宣化形式如灌頂等之秘密化儀軌，自然地被稱為密教或秘密教；而顯露外相於社會之小乘佛教或大乘之唯識、中觀、悉被稱為顯教。

印度密教之二教判

可是《涅槃經》或《圓覺經》等經典中，也有出現密教或秘密教的稱謂。這亦是基於如來秘密體驗而開示的經典之見解。賢首大師稱《華嚴經》乃絕聲聞之見聞思議，故名秘密教。

密教或秘密教之名稱

然而所謂密教、秘密教之名，非源於弘法大師傳來之真言宗。但若從內容及形式來看，這密教、或秘密教的稱謂，對真言宗來說是最為親切。依其開展成立經過來言，亦是最根本，而切實的。

秘密教與真言宗

而其他經典中或宗教所稱謂的密教、或秘密教，乃是一時之假名或方便。由此、弘法大師乃自奉真言宗為密教，真言密教，其他皆為顯所屬。

依大師的顯密意義

依大師說：「顯密之義、重重無數。以淺望深，深即秘密，淺略即顯。故外道經典亦有秘教之名，如來所說經中亦顯密重重。若以佛說之小教，來望外人之說，即名深密。以大比小又有顯密。以一乘簡三乘立『秘』名，總持（陀羅尼），擇多『名』而得『密』號。以法身之說，深奧也，應化之教，淺略也，故此名『秘』。」

真言宗是秘密深奧之教

如此顯密之義重重，而只有法身佛的真言教，特別深密故名密教。既名「密教」，其特點在哪裏？大師說此密教是深密秘奧，又有何證？所以大師即提出「六經三論」來立證論述。其所論述要約之，有四點，即：（一）法身說法。（二）果界不可說。（三）成佛之遲速。（四）教義之勝劣等。略述如下：

法身說法之立場

（一）法身說法：大師當時之日本佛教法相、三論、俱舍、成實、律、華嚴等六宗，甚至北嶺之法華或天台宗，都是以歷史上

顯教之法身與密教之法身

之釋尊為基本。如天台、華嚴等所說之毘盧遮那佛，這不過是釋尊之美稱而已。但大師之真言密教，即以歷史上之釋尊為法身佛之假現，以變化身安置在第二位，以基本地佛的法身，為根本佛，來奉侍崇拜。

「法身」一語，不是真言密教之專用名詞，也為其他各宗如法相、三論、天台、華嚴等所常引用。此等所謂法身者，乃指真如或法性或空性等，單以抽象的理念闡述理體。而不以現實佛來看待，況乎法身說法更是提都未提。

反觀，此法身是具備靈格的常恆之現在佛。歷史上之釋尊，雖已現入涅槃不在人間，但此法身佛，常而遍存宇宙中，常放光明說法，度化一切眾生未嘗休息。凡夫因迷障，故不能見聞。恰如太陽赫赫，而盲者不見、雷霆隆隆而聾者不聞。力說此法身佛說法，宇宙神秘的開扉之處，真言密教才有所謂「密教之所詮」。而感得此法身之說法，以文字來表理者，乃大師所言之真言密教。

果界不可說
與顯密二教

（二）果界不可說：此果界或云果分，亦就是佛之神秘體驗。此神秘體驗之世界是冷暖自知之境地，若無直參且體驗是不易體悟其風光的。因此法相宗或三論宗說：以我人之言語，心量不可能去思惟、表現與論證。故云：「言斷心滅，或言亡慮絕，或百非洞遣。」而華嚴宗說此果分不可說，置此於言詮埒外。

然真言密教，即以特定之語言文字或特種手態、事相、標幟等去象徵。將此不能見聞思議之神秘體驗世界，得以直接地見聞思議表現出來。此神秘體驗之果界的直示、表現、解說的特殊方法，就是真言密教的特質。

（三）成佛之遲速：日本南都之法相宗及三論宗宣說經遠劫以

成佛遲速與顯密二教

成佛。而真言密教倡「即身成佛」之宗義。宣說「龍女成佛」及理論化之「疾得成佛」的天台宗及華嚴宗，始終僅提及理論。而未說及實踐方法。大師以「恰如跛驢」而叱責之，謂其不過是入真言道之初門。以此即身成佛之理論，與其實踐方法之三摩地秘觀並現之處，真言密教才有其優越性，這亦是密教最極力強調的。

教益勝劣與顯密二教

（四）教益之勝劣：真言密教與其他顯教最大的差異在於以「法身說法」為其基本，其教法，以無限絕對為其力點，此天地間所有存在的一切事物，彼此相涉關聯而活現於全一；不捨個自之立場，自己建立世界；各以宇宙一切為背景，一刻一瞬地活現於無限絕對體驗之教。大師說：「人法者，法爾也。何曾有其廢，機根絕絕也，正像何分。」言人、言法，其各個都是絕對的、無限的。沒有「機根」上下區別，亦無正、像、末之時分。從而其末法更沒有

二教論之教益殊勝論

上根、下根之適與不適。亦無正法、像法有效驗，而末法之今日已無效驗之別。通正、像、末而亙上、中、下一切機根，一切時、一切處、一切人，都能適然相應，此乃是真言密教也。因此「若能信修，不論男、女皆人也，不簡貴、賤悉皆此器也」。又「明暗無他，信修忽證」。

基於此，大師於其《辯顯密二教論》中，引用《六波羅密經》明示：「以餘他之教法，無能救濟極重罪人，亦得以將之攝取並予以教化。」又在《十住心論》中說：「四藏（經、律、論、般若）之藥，只治輕病，不能消除重罪。所謂重罪者，即四重、八重、五逆、謗方等，一闡提者也。密教如醍醐，通治一切之病，這總持之妙藥，能消滅一切眾罪，能速拔無明之株杌。」

「若上根上智之人，不樂外道二乘之法，具大度量，勇銳不惑

密教限於上根上智之說

者，宜修佛乘」。以《菩提心論》等文說：「真言密教是上根上智之教，不通於下根人。」這只是專對真言密教之指導者，能化之阿闍梨等人說的，不是對一般人說的。以普通人來說，無論什麼程度或階級，若果信修，其人即能相應沐其教益了。

機根不限於固定之人

上根、下根不是固定不變的。可以依種種之因緣、教養、修養，而次第進展向上的。起初如只是與密教結緣之一般信者，若能不斷地依次第加強其信仰，深入體驗，進其堂奧，也可以達到能化地位的指導者（阿闍梨）。所謂上根、中根、或下根，依其入堂奧之結果來判定。所以，上根者，是指完全入其堂奧者。未達到最上階層便停止於某程度者，即稱之為中根或下根。

此等即是顯教與密教之分歧點

由此，大師在論點上，自奉真言密教與餘他宗教之比較，有秘奧、深廣、最勝之不同。而縱橫論證，辯其顯密之分歧也。

第三節　十住心之綱格

顯密二教判外有十住心教判之必要

大師著作了《辯顯密二教論》，於其中，將本宗名為密教，餘他之教派說為顯教，並把二者大體地比較對照，以顯揚出密教的特質。此外大師還著有《十住心教判》。若以顯密二教判為大體論、大觀論，則十住心乃是詳密論或云細觀論。因為《辯顯密二教論》中，別言之顯教，包含有種種之宗教，其教法內容亦各不相同。因此大師以十住心來對顯教中之各個宗教，予以詳細具體的檢討其得失。相對地，也顯明出密教之立場或特質是什麼，因而密教有別論研究的必要。

教判之橫豎名稱

從古以來，顯密二教判，為橫的教判，十住心之教判，為豎的教判。但此二教判分為橫豎者，不是始於大師。依如實之《冠註十住心論》，去大師約三百五十年，文治年間高野山有位名俊晴者，亦曾使用此「橫豎」之詞。

橫平等豎差別之二種教判

橫之教判，就是把本宗及餘他之宗教一樣地總略為顯教的教判。豎之判教是把本宗及餘他之宗教，各個分別階段式的別論，予以鉅細靡遺的審查之教判。此等被稱為橫平等、豎差別之二種教判。

十住心根據源自大日經

於此二種教判中，大師之所以特別開設十住心者。乃基於《大日經‧住心品》，宣明真言密教真精神之處所，及真言行者之「安心」如何確立其發展次第，依之來了解真言密教與餘教之關係。總之，不外是企圖如實發揮密教之特質。此事，大師於《十住心論》中有言：「今依此經（《大日經》）顯真言行者安心之次第，顯密二教之差別猶在其中也。」

大日經之文相與文底

貫天地之真我身心

基於《大日經》，大師所要宣揚強調之真言密教的真精神是什麼呢？不外就是「如實知自心」，即如實知見真我並體驗之。《大日經》中有：「若分段、或顯色、或形式、或境界，若受、若受想行識、若我、若我所、若能執、若所執、若清淨、若處若界、乃至一切之分段中求之不可得。」之消極的取置。大師將其文底所潛藏之義趣，予以積極地開說，即所謂「究竟覺知自心之源底，如實證悟自身之數量者也」。

一般人，把此肉體為中心之物質我、或假我，誤認為真我。然真我也非孤立地存在，而是以宇宙一切萬物為「背景」、「前景」，在交涉關聯中，全一地活現者。真我通過各個之個體的活現上，假如是物質我為立場、為中心，這中心或立場，離開周圍之環境，即一刻都無法存在。並以此等之環境而生，以此等為一體而成，即是實際之現實。將這些中心或立場孤立勉強分彼此，細別分析，這乃是將其一體之活現，暫時形諸於理性上的抽象概念而已。實相的宇宙，只有「全體」，沒有「部分」。如指一個人，就是指其人全體，不得指某部分肢體，若指某一部分肢體，就不成其人。

此全一之真我，其當下之一瞬，乃宿集過去一切時孕育未來之一切時，一瞬一瞬地向無限永遠地活現。若問真我之心為何？此乃貫連宇宙一切之心為一體者。若言真我之身為何？不止於單獨之人體，即大地之山、河、草、木，天地間存在之所有一切形象，無一不是真我之身軀。

真我之身心內容，乃網羅宇宙一切事物。其每一事、一物，無不活現於無限、絕對。同時以其各個獨自立場表現各異的特質，爭顯其能，來充實莊嚴真我之內容。時時刻刻無限、絕對地活現真我之實相。這即是大師所說的「秘密莊嚴」，或云「無盡莊嚴恆沙之已有」。

這真我實相秘密莊嚴的如實體驗，即是真言密教之真精神、菩提，即真悟也。其「悟」是不斷地活生生而成長進展。如始初之「真我知見」，雖粗淺幼稚，但漸次發明而終能如實知見，得到秘密莊嚴之真我全貌。此悟境如實而動的去觀察，其「淨菩提」之續生乃是真言密教之特質。因此《大日經》說：「心續生之相是諸佛的大秘密也，外道所不能識。」

心續生是諸佛之大秘密

心續生是於極其低級之肉體中心、自我之狹隘認識中，被周圍之種種因緣所誘發，生出宗教心之胚芽，而發葉、開花、結果，終至如實體認真我次第續生之轉昇者。這過程分為十種，即大師之所謂十住心也。

心續生與十住心

其十住心名目如次：

第一、異生羝羊心：比喻魯鈍的牡羊（教乘緣起）

第二、愚童持齋心：思持齋善根之美（人乘）

第三、嬰童無畏心：因生天而得無畏（天乘）

第四、唯蘊無我心：認五蘊法不認我性（聲聞乘）

第五、拔業因種心：至拔除業煩惱之原因種子心（緣覺乘）

第六、他緣大乘心：緣及他人之救度大乘心（法相）

第七、覺心不生心：至覺自心之不生滅之心（三論）

第八、一道無為心：離能作、所作，對立體驗一如之心（天台）

第九、極無自性心：諸法生起無常，無固定之自性之心（華嚴）

第十、秘密莊嚴心：體認真我之秘密莊嚴之心（密教）

貫串十住心者即如實知自心

十住心之對內及對外

對內方面之十住心

如斯，由淺入深的密教體驗之住心或安心，分開來說明，即此十住心。其一貫之旨，即「如實知自心」。換言之，即如何得到真我之知見或體認。大師明示此如實知自心與十住心的關係說：「此『如實知自心』一句，義含無量，豎顯十重層次之淺深，橫示塵數之廣多。」

大師之十住心，如上述，於一方面開示菩提心（即悟之心，或云宗教心）之進展過程。另一方面依此將真言密教與顯教比較對照，如實地宣明其特質。所以十住心義，有對內及對外之分。

對內的密教，於其獨自之氛圍氣中，直爾闡明其宗意與真實精神，為「唯密十住心」。依此唯密之十住心，明示真言行者之宗教心漸次發展，達於秘密莊嚴之究竟境地的過程，此乃「向上的」一面。由於秘密究竟之體驗，為救濟攝化一切眾生。應眾生宗教心之發達程度，施設種種之法門以教化之，這即是「向下的」一面。此向上與向下二面，前者為心續生十住心；後者為深秘之十住心。即：

對內的方面
- 向上的　心續生十住心
- 向下的　深秘之十住心

→ 唯密之十住心

對外方面之十住心

其次對外的方面，將佛教之其他教派說為顯教，以之對真言密教之特質及立場來加以闡明，名為顯密合論十住心，或九顯一密十住心。此乃是將十住心中之前九項為顯教，其第十項為密教。依前淺顯，後深密之次第各個比較對照，以強調最後之真言密教之特質。其關係圖示如下：

對外的方面

- 第一住心—教乘緣起
- 第二住心—人乘
- 第三住心—天乘
  - （第一至第三）世間道
- 第四住心—聲聞乘
- 第五住心—緣覺乘
  - （第四、第五）小乘（二乘）
- 第六住心—法相
- 第七住心—三論
  - （第六、第七）權大乘（三乘）
- 第八住心—天台
- 第九住心—華嚴
  - （第八、第九）實大乘（一乘）
  - （第一至第九）顯教
- 第十住心—真言—秘密佛乘—密教

顯教、密教—顯密合論十住心

宥快之十住心二門四義如下：

十住心之橫竪二門

- 竪門
  - 顯密合論十住心
  - 心續生十住心
- 橫門
  - 五種三昧道十住心
  - 普門萬德十住心

（以上）四義

第四節　人道教與密教

人皆以個體為獨存之觀念

天地間一事一物，無論是有情、無情，皆在互相交涉相關不分離的原則下，活現於全一。但大部分人卻置事實於不顧，以為己身與他者沒有任何的關係。此個別獨存的觀念是一般人常有的。

異生羝羊之意義與內容

存有這種觀念的人，以佛教觀點來說名為凡夫或名異生。凡夫異生中有不少認為肉體之身，是真我，而醉生夢死，我行我素，一生只被食慾或婬慾之本能所支配。這種人的心態，大師名為異生羝

始終如動物生活

羊心。異生羝羊心者，是狂醉之凡夫，不辯善惡、愚蒙癡暗、無智如羝羊（牡羊）不信因果之謂。凡夫造種種業，感種種果，生出萬種身相，故名異生，以其愚癡無智如羝羊（牡羊）劣弱，故以羝羊喻之。偈云：「凡夫狂醉，不悟我非，但念婬食，如彼羝羊。」

此等人雖然有人之形姿，而其行為不像是人，而像動物般生活而已。此等人從不思考人是什麼，亦從不想去研究它。既然生不是自主要生的、既生了即任其生，從不想生從何處來。死雖可怖，但是都未曾想到去追求解脫、關心死後往何所去。只營營日夕，囚於衣食之獄，奔逐遠近，墜於名利之坑。不但如此，還如磁石吸鋼，則剛柔（男女）馳逐；又如方諸（月之鏡）招水，則父子相親；父子親親，不知親之為親；夫婦相愛，不覺愛之為愛。因此大師一言喝破，人之愚昧無知，無能反省，終其一生，只過着動物性的本能的生活而已。

弱肉強食

一般人始終因於此等本能的欲望，為物慾之滿足而毫無忌憚地排擠他人、構陷他人。人畜相呑、強弱相噉。如大師所言，敢為弱肉強食之修羅鬥爭，徒耽酒色、醉於享樂。而不覺因果之可怖，此即常人之一般心態。

教起之因由

若人能自覺此全一真我，是以此宇宙之一切事物為自己之活動內容，而能夠活現於全一的話，他就不會處處被物慾所使役，徒增煩惱成為可憐凡夫，而會湧起無限愛的救濟之心，使用種種方便法門去攝化迷者。以本能欲望為始終的愚癡無智者，如羝羊一樣的異生凡夫，被悟者悲願誘導，而終於得到救度。這就是教起之基礎，即是教起因由也。

方便之教化

教化此等凡夫異生，開始即要他們「自覺真我」，了知一切為自己內容去「活現全一」。這等人確實無法接受，也無法理解。因此為度化此等人的導引方法，就是教導他們彼此相親、相扶相助。令他諸惡莫作，眾善奉行、積聚功德等。

諸惡莫作與五常五戒

「諸惡莫作」，即所謂告知什麼是不可為之具體表示。佛說五戒，教人不殺生靈；人若不與，勿盜；非夫妻不婬；非為救他、勿妄語；飲酒不及亂等。此與儒家之仁、義、禮、智、信等相同。

眾善奉行之施予

「眾善奉行」者，「善」的取捨、奉行的程度，其過程深奧，常人到底無法接納了解。所以教人視自己之力，量力施為，儘量去實踐勵行，令人滿足歡喜即能召來人們的尊敬。如此從近及遠，由易入難去引導才成。

善心之發芽

以此方法去引導，無論是多麼頑劣者，終令發善心。因為人性本善也，人本來即具有道德心與宗教心的素質。由於善心被喚醒，

愚童持齋之意義與內容

種子、芽苞、菜、敷花、結果之六心

逐漸發芽，此一念善心雖微，亦會生起行善之念，這大師名之為「愚童持齋心」。

愚童與羝羊一樣，即宗教心尚未完全發露之凡夫總稱。「持齋」是任自己本能驅使，向外遊蕩之心，忽然生反省之念，自願謹慎遠離奢侈節食，以過清廉少欲的生活。

此等以本能生活為中心的頑劣人們，由於善知識之教誨為緣，生起此持齋之心，將節餘之物質施贈他人，即名「愚童持齋心」。此「心」是生起小分之利他心或同情心之謂也。這點大師有說：「由外緣忽思節食，施心萌動如穀之遇緣。」

此自節食至施予善心萌發之過程，在《大日經》裏比喻如草木之成長。以種子、芽、苞、葉、敷花、結實之六心來表示之。喻持齋節食為種子心；其節餘物質先供父母親戚為芽心；再施及非親非識者，為苞心；以此施予器量高德者為葉心；又以歡喜心供與尊宿之人為敷花心；以親愛心供與尊宿者為結實心。大師又示云「愚童少解貪瞋毒，忽然思惟持齋美，種子內薰發善心，芽苞相續結華實」。

三皈依之信

善心萌發而廣敬尊宿。因恭敬供養尊宿，自然聞知佛之尊貴而信仰之，從而皈依佛所說之教法，再發心皈依說法之僧。遂成為佛教之信仰者，皈依佛、法、僧三寶。

三皈依與五戒

三皈依之信念堅定後，自然信受佛所說法之尊嚴，接受五戒，信任此為之「真實」、「絕對」者，而必遵奉實修。

此五戒與仁、義、禮、智、信五常相同，單以世間道來看，似乎僅止於人與人之間的關係，而與超越人際關係的宗教或密教毫無關聯，但是若人對於密教精神有了覺知；透過對密教精神的領會，予以淨化、融會，人道之五戒、五常當體即是密教精神之具體化了。

密教精神之五常五戒

依密教精神而言，大師曾說：「或人、或鬼、畜之法門，皆秘密佛乘也。」大師教示，除人類之道德規範五常、五戒外，就連餓鬼之教法、畜生之法門，無一不是秘密佛教之內容。

若人能把一切所有化為自己之內容，使一切活現、伸展，把密教精神如實地去活現，則萬物無一不具價值，任何教法無一不是其當位法身佛之方便說法，因此不可以隨意誹謗、輕視才成。

密教與治生產業

善無畏三藏說：「秘密藏中的一切方便，皆是佛之方便法；因此，毀一一法，即是謗一切法，乃至世間治生、產業、藝術等，無不俱有正理，故應隨順佛所說法，不得謗之。」

第五節　生天教與密教

人一生無論活得再美好，再長命，如與天地之悠久相比較，正

永生之欲望與生天教

如朝生夕死之蜉蝣一樣，因此憧憬能與天地同壽，得享無盡快樂；應此憧憬而以生天為目標之生天教亦因此應運而生。

印度之三界二十八天

依印度人的思想，以欲望為中心的生活世界為欲界，此界有六天名為六欲天；比六欲天更殊勝而具有勝妙形體的是色界、無色界之四天等。此三界二十八天成為上、下二界而存在，順其因行之高、低、勝、劣而往生其處。

長生不死之仙道

又如中國人尋求長生不死之仙道，以煉丹等之服食仙藥，或運周天等養生法，希求長生成仙，能吸霞駕雲與天地同久，這不外是一種自私的生天思想，大師以此為生天教，但到現在尚未見有成萬歲不死之人。

厭下欣上之觀

這等人都認為世界充滿痛苦、醜惡又多障，強烈地厭棄這個世界。只有天上是清淨美妙，沒有煩惱和痛苦。因此，其追求之目標從下界漸次生於天界，得受天上之妙樂。

生天之動機與迷妄之世界

希求「生天」，其動機只是以肉體為中心，追求自我快樂而已，尚未有超越對立迷妄世界的思想；因此，無論生於何天，都只是精神淨化之感受世界罷了，所以不管怎樣地去積聚種種善根，最高得感生非想非非想天，當業力盡後還墮惡趣，恰如箭射虛空，力盡還落地一般。

嬰童無畏之意義與內容

這等人之心境，大師名之為「嬰童無畏心」，嬰童無畏心者，大師說：「外道厭凡希天之心；上生非想，下住仙宮。假如生天得身量八萬由旬，壽命八萬劫，厭下界如瘡瘀，見人間如蜉蝣，其光明能壓日月，福報能超輪王。但比起大聖「佛」卻顯得卑微愚矇，全似嬰兒，因少分解脫縛厄，故無畏也；未得涅槃（悟），故如嬰童。」四句偈云：「外道生天，暫得蘇息，如彼嬰兒，犢子隨母。」

以佛教來看一般被稱為外道之婆羅門教等，立自在天或梵天或毘紐天等神。信者皈依隨順之，由修十善戒行，以為死後能生此天，享無上感受。以此為依存者，恰如嬰兒隨母一樣也能得到無畏，但此仍尚幼稚。

基督教之神

彼基督教，立世界創造之神。若人信仰祂，沐其恩寵就能得救，死後得生天國。此完全與印度的生天思想類同。

生天教之地位

信仰超越人間之神，受其恩寵，得生天享樂的思想比較，則以人世間為中心而生活的思想，具有較殊勝的一面。而信有唯一之世界創造神者，則有墜入常見之嫌。此種思想連佛所説之緣起中道都不能達到，況乎「全一世界的活現」之密教精神呢？

為教化此等之方便

於此種生天思想稍加巧妙地導引，與其期待不確定之來世生天，不如將此現生的世界，努力建設成人、我具樂的天界、或佛國，此即是密教之特色。

密教並不排斥此生天思想，而是與予活用善導伸展擴大。凡天地間存在之一事一物，都是在各自的立場，發揮其獨特的意義與功能，而並不是全然無價值。因天生其物必有用，無用之物在世間是不會存在的，端看是否能適材適用而已。

密教之方便化儀

為救濟醉心於生天思想的人，是要以其生天思想為基準，而予以活現，其引導之處，即是密教之「本領」所在，為此說明密教之化儀即「或願生天、或人道中、龍、夜叉、乾達婆、乃至生摩睺羅伽而說其法」也。

法身啟示之升天教

密教所說之「佛」並非一般所言歷史上之「佛」，而是超越一切對立，以所有一切為自己之內容活現於無限之「大日如來」。故為應其自己內容的一類人們之啟示，非其當物就是說法不可；從此

大師所說生天教之生起

觀點來看，所說生天教者，即是應某時代某人之要求，無限之大日如來應某人之口所示現啟示的了。

而此啟示的當時，皆具有密教精神的活現，每一方法、每一方便無不活潑應機。但由於時間的遷流，時代背景的疊變，不知不覺間繪聲付影，變成固定化形式化了，因而失去其原精神，完全遠離了密教之宗旨。

此事大師在《秘藏寶鑰》中以問答體來敘述：「問：『若然，此等外道生天之所作皆佛所說否？』答：『原來皆佛說，但無始以來輾轉相承間，失其本旨。如以為牛吃草素食或狗嗅糞，死後即生於天，人們即以為似牛吃草、狗嗅糞，就是生天之修行法門一樣的錯誤觀念』。」更進一步問：「若果此乃是佛說，何故不直即說自家教法，而說此生天教法。」答：「因為要契當時眾生之機根故，無論如何之教法，若不相應契其機根，即無任何利益。」

以如此善巧之方便，去活現一切、照育一切、導化一切。於密教，大日如來即為欲生天之人，示現諸天鬼神之身，依真言道說諸天鬼神真言。而其真言，從其文之表面看，彼普世天之真言如：「為攝化成為世之照明的八部眾，應八部眾之種種趣，示現化身。」亦不過示其旨趣而已。但將其真言的一一字義加以深深掘下，其味裏便有直即契着密教精神的組織存在。

諸天鬼神之真言旨趣

生天教是大日如來為利益眾生而說的。人若持誦諸天之真言而修行，其人必能得到應分之利益。以此為緣，將之導入密教之門，體認真我之實相，終可以具現全一的無限生活。《大日經》云：「屬於世間之天的真言法教之道，是為利益諸有情故，勤勇者，即佛其時說也。」漢譯為：「若諸天世間，真言法教道，如是勤勇者，為

諸天亦是入密之方便

利眾生故。」

第六節　二乘教與密教

迷界解脱之要

只圖謀「長生」、「恣欲享樂」修種種因行，而生於天上，此決不是永遠之道。猶如尺蠖蟲伸而又屈，如車輪向上又轉回。天上之樂果報若盡終須再墮惡趣，結果不過是迷的世界之輪迴流轉。所以不能解脱輪迴流轉，乃因囚於以自己為中心之假我中，為物我所繫縛之故也。知此，自然會生起解脱此物我羈絆的意念，由迷界解脱，轉向永遠不失的「悟之道」。應此而現者，即所謂「佛教」，佛教之初門名「聲聞乘」。

聲聞乘之意義與內容

聲聞乘者，聽聞佛陀音聲説法，依此修行而證阿羅漢果。依如來之聲教，覺悟世間之一事一物，皆如流水一般，生滅無常。天地間所存在之物，無一常恆不變。自我亦念念遷流轉變，昨日之我非今日之我，瞬間自我之形體亦在變異。而呈現同一之相，乃如旋火輪，又如水流一點一滴變異，相續不絕，而成為河流或瀑布一樣。

唯蘊無我

使其相續不斷者名「業力」，亦可以說是習慣力。依此業力，故色（物質）、受、想、行、識（心之四作用）的五蘊才能統攝相續，而現出自我影像。悟此如幻影之自我真相的境地，大師曰：「唯蘊無我心。」若說明之：「法有故唯蘊，遮人故無我，簡持為義故唯。」又以偈頌示曰：「唯解法有，人我皆遮。」

四聖諦觀

唯五蘊之法存在，但五蘊之法不過是一時之集合，基於我體不存在的體驗，去超越解脫自我為中心之一切迷昧，即是聲聞乘。而因何將此虛無之我體，誤認為常恆不變之獨存體呢？此乃所謂業力、習慣力使然。由此故招來種種之迷昧苦果，因而不能明宇宙之真相。為明白此迷的原因，說明從迷到解脱之方法，佛才強調了苦、集、滅、道之四種觀法，以此為四聖諦或云四諦。其中之苦、集是迷界之果與因，滅、道即悟之果與因。

苦與集

此迷之世界的一切現實，皆是苦海，是淚之谷。此中雖有歡樂，但終是悲苦，所謂活着只是苦源而已。其苦之形成（苦諦）因何而來呢？此乃以無常為常、無我為我、不淨為淨、不樂為樂之顛倒惡見，或迷妄情意為根本，積集了（集諦）種種惡業的結果。

道與滅

那麼如何才能脱離此迷妄的世界，除滅一切苦痛呢？此即以正見、正思惟、正語、正業、正精進、正念、正定、正命之八正道，及修其他種種之道品（道諦）。依此去斷除苦因的惡見、迷妄，而達到理想的目標（滅諦）涅槃常樂之境地。

聲聞與獨覺

聲聞乘人，修種種道品，去除苦果的根本諸業，及斷除諸業之因的諸惑。但未能將諸惑完全斷除，還殘留業惑之株杌或煩惱種子。為恐其殘存之株杌或種子復甦，再長出迷芽，徹底斷除其業煩惱之株杌或種子，使不再迷惑者，便稱為辟支佛，即獨覺也。

獨覺或緣覺之意義與種類

獨覺者，非藉佛陀之教導，而無師自悟，故名之。此聖者依十二因緣或觀飛花落葉為因緣，得獨悟自解脫，故又名因緣覺或緣覺。此有部行與麟喻二種緣覺。其中部行者，初與聲聞為伍修行，後來獨自悟道而成獨覺者；麟喻，即如三千年出現一次的麒麟一樣，難得一見，在無佛世界，宿處深山幽谷，無師獨悟者。

拔業因種

緣覺是徹底斷除苦果之業及煩惱種子的人，故此境地大師稱曰：「拔業因種心。」業是惡業；因是十二因緣；種子是無明種子。業煩惱等開之為十二因緣，故「拔業因種」者不外是拔除煩惱原因的無明種子而已。

十二因緣之圖式

將其業煩惱等開為十二者，即十二因緣之觀門。古來有三世兩重與二世一重二種看法，圖示如左：

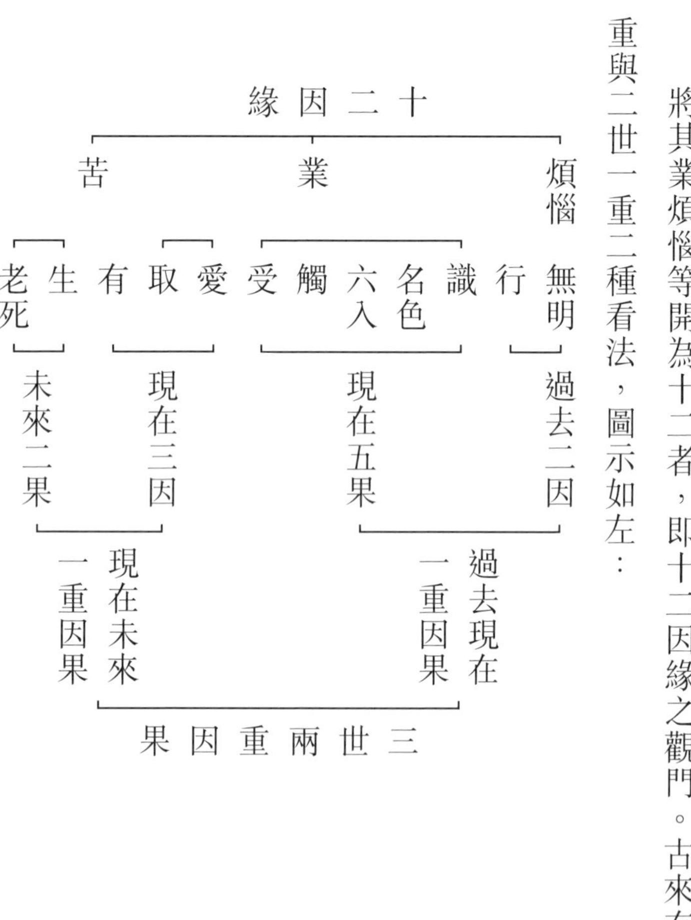

十二因緣之意義

以上圖示，「無明」是過去之煩惱；「行」是過去之善惡業；「識」、「名色」、「六入」、「觸」、「受」是依其業所生之現在苦果。其中「識」，是依過去之業力，托生母胎之一念；「名色」是於母胎中未具足六根之物、心的素質；「六入」是具足六根；「觸」是出生母胎至三、四歲的觸外境位；「受」是次第生長受納外境之好惡等分別位，約為五、六歲至十二歲。其次「愛」、「取」、「有」，即現世所有之煩惱與業。「愛」是對外境起貪愛之情；「取」是愛慾愈盛，而起貪取之念，但未到強取追及之位，約為二十歲成人以後。「有」者指業也，乃依愛取之煩惱所起之善惡業，以這些現在之煩惱業，招未來「生」與「老死」之苦果。

十二因緣與拔業因種

若認識此無明、行等之十二因緣觀，即能了知迷之根源是「業因種子」之無明煩惱。換言之，若果是無明為因，那麼拔除其無明種子，就能自己悟證，其他煩惱之株杌即不必再考慮了，這心曰「拔業因種心」，此即獨覺位。故大師以四句偈示之：「修身十二，拔無明種，業生已除，無言得果。」

聲緣二乘之地位

獨覺即緣覺乘，與以上所說之聲聞，並列為聲、緣二乘，或二乘。此二乘中獨覺比聲聞勝，但皆是不能兼善他人的獨善君子，止於高逸隱士。若和大悲行願之菩薩來比，其心狹小，完全是個獨善主義者。

密教精神與聲緣二乘

若以密教精神之活現一切、伸展一切的立場來看，此聲緣二乘，若要發揮秘密之真實相，即成為進入秘密體驗之門。善無畏三藏曾說：「隨入一法門、皆具一切法界門。」大師也云：「與此法佛一體，萬德之一也。不知此義者深可哀愍，故胎藏曼荼羅置有聲聞緣覺，誠有深意在。」無論何門都是普門之一門，無論什麼心都是萬德之一德。

第七節　三乘教與密教

三乘教之由來

聲聞乘及緣覺乘，加菩薩乘合為三乘。聲、緣二乘上之所以施設菩薩乘，乃是自淨自調的專心行者，依其宗教心之發展，不能滿足其自度之獨善主義，進而生救濟度他思想，所謂上求菩提，下化眾生的菩薩境地。

自心內容之眾生教化

聲聞緣覺乘的行者，雖肯定此肉體中心之我體，是空無、假有，但對於此組織或構成之五蘊法（色、受、想、行、識），卻認為恆存不變。故有將五蘊法不經探討而直即確認之嫌。將此五蘊法予以徹底檢討探究時，即能認其存在乃是心之因素，離此心外，別無一物。因此，世界所存在之一切眾生，畢竟是自心之投影，不外是自心的內容。所以要自淨其心，必須對自心內容之眾生先予以救濟方成。

他緣大乘之定義

由此而緣慮及一切眾生與自己同時去盡度一切眾生，導至圓成實性之悟境。大師稱此為「他緣大乘心」，緣及法界之有情故曰他緣，嫌聲（聞）、獨（覺）之羊、鹿（二乘）故名大，運自他於圓性故名乘。

他緣大乘之法相宗

依大師所說，在宗教之教判上，以一切諸法為心之影像，而強調其相狀之思想，即相當於法相宗。此運自他於圓成（圓成實性）之悟境，乃是大乘佛教之通有性，並非限於法相宗。比起自度自調之聲、緣二乘，羊、鹿二車來說，他緣大乘即當為牛車之喻，因為是大乘佛教之初門，故名也。

此與法相大乘等位進展之「他緣大乘心」境地，大師以四句偈

法相大乘之唯識觀與其他

來表示「無緣起悲，大悲初發，幻影觀心，唯識遮境」。因觀天地間存在之所有一切萬物，無一不是心之幻影，唯有識心，除此識心外沒有任何境界，能加以遮遣之。心外本無別體可緣，所謂他之眾生，只是心之內容與自心同體故。為淨自心、悟自心，無論如何非先予救濟他之眾生不可，因此始萌起了大悲心。換言之，外境之一切加以美化，自心看來就是美，一切眾生得度無苦，自心就是得度無苦。唯認心識猶如攝影機，外境若美，所攝之影片亦美。

法相大乘之八識建立

以宇宙一切現象，為自心之投影，為究明其自心內容之一切進展，聲、緣二乘只立六識，此法相大乘，即立八識，因眼、耳、鼻、舌、身、意六識，於睡眠或悶絕時，其功能作用暫時會停止，無法保持一切業果及其相續性。故在六識上立第七識與第八識。其中末那識為吾人意識中心之自我觀念根本；阿賴耶識為一切業果之收藏，一切經驗之蓄積保持庫。

依過去作業之印象，收藏在阿賴耶識中的善惡種子，經現在之經驗作業，給予薰習刺激，能更新未來之業果現行。所以此阿賴耶識，既為收藏過去吾等之一切經驗，又為吾等現在經驗的一切萬象之創造開展的基本。

唯識緣起說

我們眼前所感受實存的萬有，其實就是此阿賴耶識之展開，不過是心的現象，一切的一切，不外是此阿賴耶識的作用，這種見解，一般稱之為「阿賴耶緣起」或「唯識緣起」。

共業與不共業

此阿賴耶識卻是每人各個具有，其收藏的內容各別不同，所以其展開之世界，亦別立成不同的世界，而且各個世界互相無礙融合，恰如各人所共見的同一世界般。有共同的看法者，即是各人有其共通的業力使然，亦是共業之因緣力；共業之因緣力中，也有各

萬法所依之真如

善惡之種子五性各別說

人特殊之業力。換言之，亦即有不共業存在其中；猶如萬人共賞一幅名畫，各人所見之感受必然不能一致。

為統一綜合此各個之阿賴耶識，法相大乘立了「真如」。但此「真如」僅止於一切阿賴耶識，或宇宙一切萬物所依，成為萬法發現之根源，無論如何總脫不出阿賴耶識。因為「真如」是萬法所依，或萬法本體，而且是常恆不變的靜之物；以為此靜之物不能生不同性質轉變無常的動之一切物。（真如凝然不作一法）

發現萬法根源的阿賴耶識有善、惡二種種子，若依現在之作業去薰習刺激惡之種子，即會展開地獄、餓鬼、畜生的世界；若培養善的種子以現行，遂可展開究竟善之佛的世界。

每人獨具的阿賴耶識，原來也有其個別之差異性。雖然可收藏善的種子，但每人的善種子都有高低不同的層次（階級）。有的人有可成佛的極善種子，亦有全然沒有的；有的人雖然未至成佛的程度，卻有聲聞、緣覺種子的。人因為有先天性的差別，所以立說聲聞定性、緣覺定性、菩薩定性、不定性、無性有情等五種區別，即是五性各別說。

三乘真實一乘方便

為攝化此五種差別之一切眾生，悉令度脫，即說了聲聞乘、緣覺乘、菩薩乘之三乘教。因為，無論如何一切眾生都非度攝不可，而說了三種教乘，故云三乘教。又為人人都可以成佛的思想，而立了一乘教，然此不過是佛為怯弱的眾生方便說而已。（此即本宗之看法）

法相大乘與三論大乘

對此三乘教之組織或五性各別說加以肯定認同，不似法相之拘泥，而逍遙於自由天地。於無階級中，立五性差別；一佛乘中，立三乘施設者，即「三論」所言之大乘。此大師云：「階級之無階，不礙一念成覺；一念之念，經三大（三大僧祇劫）自行勤修，一道之乘馳三駕，化他而苦勞也。」

心有境空與心境俱空

不被將宇宙一切事物加以否定而只肯定識心存在的法相大乘所拘，在其上加諸批判檢視，研究其識心是否獨一存在，結果發現：雖言唯心，但也不出所謂因緣生，也是空之境域，即是三論大乘。若法相大乘以「心有境空」為立場，此三論大乘即以「心、境俱空」為其特質了。

因緣之中道

三論大乘以心、境俱空之見地為其立足點，不論言心、言境，皆是因緣生，故因緣若散，一切都歸之於滅盡，不能認之為實有。但現存之森羅萬象，亦不可以空無視之，更不以有或以無來論定一切諸法，而以超越有無的中道，為諸法之實相。

相宗與性宗

諸法之實相為真如，隨緣為有，本無一切現象（真如隨緣而成萬物）。此處雖言現象空無，但其根本之真如實相卻常住，因此稱強調現象相狀之法相大乘為相宗；以究明「真如法性」為主旨之三論大乘為性宗。

覺心不生之意義

不被有無現象所拘，安住於真如當體的境地者，大師稱為「覺心不生心」。《大日經》云：「心主自在，而覺自心本不生。」基於此曰本不生者，兼指不生、不滅、不斷、不常、不一、不異、不去、不來等，而三論家舉此八不，以為究竟中道。

此「覺心不生心」者，即覺此心之不生、不滅、不斷、不常、不一、不異、不去、不來。故大師又用四句偈說：「八不絕戲，一念觀空，心源空寂，無相安樂。」

八不正觀

此八不正觀者，乃是去除生、滅、斷、常、一、異、去、來之八迷戲論的正觀。因為凡夫常以生、滅、斷、常之對立來看一切物，以若不是生，就是滅來決定一切。但是事物的真相是絕對待的，不可以認為是超越生或滅，乃至去或來對待之物，而是要離了所謂生、滅、斷、常等有所得之迷見，去體認不生、不滅、不斷、不常的無所得之中道，才能不被一切有無之見所縛，而得到心之自在。故善無畏三藏云：「有無不滯故，心無罣礙，所為妙業，隨意成就，故心主自在。」

如此強調有無不滯，無所得中道之三論大乘，決不否定因緣所生之現象。此生、滅、斷、常之因緣生之法，直即以超越有無之真如實相去把握，就是「覺心不生心」之三論大乘。存此因緣生之法，故亦不拒法相大乘之三乘組織或五性各別說，因此與法相大乘同攝於三乘教中。

三論與法相雖同是三乘教，但由覺心主自在的觀點來看，三論

三論大乘，不拒三乘

主拂心外之塵

依密教精神的法相三論

大乘實比法相大乘較為殊勝，但其表現過於消極，忙於拂除心外之塵，有未積極地去開顯自心妙有之嫌。

因為「教藥」應病而設，隨應其病，藥才能發揮功能。法相大乘或三論大乘，對於與其相應的人們，乃是無上之良藥，至上之教法也。可是沈滯於當位，固執己見自認為最勝，忘卻向上進取之處，就可能有幻滅之虞了。此處如依活現一切的密教見地，予以警策、淨化，攝入於密教的光明裏加以融會，此等之法相及三論，即無一不是密教，無一非是大日如來為導引某一類人之所宣示之秘密法門。如是，法相大乘即是主宰大日如來之大慈三昧的彌勒菩薩之法門；三論大乘即表示大日如來之大空三昧的文殊菩薩之法門。

第八節　一乘教與秘密教

此處之所謂一乘教

此處所謂一乘教者，即指法華一乘與華嚴一乘。大師在住心之建立上，如此說示：「此為一道無為心，極無自性心。」在已成立之宗派上，即相當於天台宗與華嚴宗。

天台一乘之立場

先對相當於天台宗之位的「一道無為心」之立場來說，即天地間存在之一事一物，其內面均藏有本來法爾之無限性，一一皆是絕對的、究竟的。

十如是

今先將事、法分開來說：世界表面所現的形相，其裏面存在之「性分」、「性相」具有的「法體」；與從其法體所出之「力」、「用」，從其力用所成立之「作業」；及招致此世界之果的「親因」與「助緣」；和依此等所生之「果」與「報」等之九種如是。加上此九種如是之本末諸相本具之究竟之理的究竟如是，即成十如是，即十種實相。

三千之數目

凡天地間存在之萬物，無一不具此事、理，十種如是。此事理的一切世界，總攝為三種世間；即從構成物心要素看的「五陰（色、受、想、行、識）世間」，依此五蘊而構成「國土世間」、「眾生世間」三種。別開此三種世間，即地獄、餓鬼、畜生、修羅、人、天、聲聞、緣覺、菩薩、佛之十世界。此等之事、理、個、與全，是相涉相即，各個相融相具。故十法界各具十界，成為百界；百界之各個各具十如是，而成千如是；其千如是，又各分三種世間，故曰三千。以此三千數目，在相當於「一道無為心」之天台宗，表示出圓融無礙之宇宙一切實相。

圓融之三諦

此三千諸法之實相為何？若從超越對立、思慮分別上來說，即是「空」；若以一時存在之現象來看，即是「假」；在超越有無的絕對上言，即是「中」。言空、言假、言中，只是一體的三面觀而已；言空，即一切空；言假，即一切假；言中，即一切中。此三諦理之空、假、中，互融無礙，即為圓融之三諦。

一道無為之意義

空、假、中之三諦，具有的三千諸法，各個無礙涉入，呈現全一之相，此當相，真實如常，故云真如。又云「一道無為」，此全一如常之真如，本來清淨。同時，是一切行動之「道」，而離諸造作的絕對無為，故稱之。

一道無為之內容

此「一道無為」是體驗圓融無礙之真如的住心，故名「一道無為心」。大師示曰：「一如本淨，境智具融，知此心性，號曰遮那。」體驗此事理不二、物（境）心（智）一如之當體的本來清淨之心性，《法華經》所謂常寂光土之毘盧遮那境地，即當於一道無為心之位，亦即天台宗一乘教之立場。

一道無為心之異名

依大師說，此相當於天台一乘教之「一道無為心」，另有「如實知自心」、「空性無境心」，二種異名。因為此住心以空、假、中之圓融三諦為基本故，於空諦上，名「空性無境心」；於假諦上，即名「如實知自心」；於中諦上言，即「一道無為心」。這不過是於三千三諦之妙理、妙境，分由三方面來表示而已。

三千三諦與法華經

以此三千三諦之妙理而言，一切有情，甚至草木、國土，無一不具佛之本性，一色一香無非中道，宣揚此妙旨之基本經典，即所謂《妙法蓮華經》。

日蓮宗之三大秘法

日蓮上人以為三千三諦之妙旨，即在《妙法蓮華經》之經題上。以此經題，當體即為本佛之姿，以此為所觀之本尊，在唱經題之能觀之行，與其「能觀」、「所觀」、「一如」上，成立妙戒，以此為三大密法，以專念為基本而開創「日蓮宗」。

天台教義之地位

日蓮宗，在其實修方面，無論如何地發揮，不外亦是基於三千三諦之天台教義而已。若與法相、三論之三乘教法比較，當然有其勝境的一面，這是不可否認的。但比起華嚴一乘，其視現有事物為靜止之點，尚有未把握到動的活現姿態之嫌。

性具之法門與性起之法門

把世界存在之一事一物具有之三千妙理，視為靜止的法華一乘教義，即為「性具法門」。以此為動的當體活現，來把握的華嚴一乘，即為「性起法門」。此性起法門稱為華嚴一乘，在大師之住心建立上，名為「極無自性心」。

法愛生與警覺開示

靜的性具法門之法華一乘，何以會進展至動的法，本之於華嚴一乘，原來是以為一切物皆各具有三千妙理，而究竟圓滿。故「上無佛可成，下無眾生可度」而沈滯於性具實相境地時，承蒙十方諸

警覺開示之極無自性心

真如隨緣之極無自性

佛之警覺開示，逐漸覺醒。原來以為究竟至極之性具實相，亦覺到其實不是至極究竟，而是法愛生，不是自性其物，因此生向上探討之心。

善無畏三藏云：「行者，初觀空性時，一切法皆覺入心實相；下，不見眾生可度；上，不見諸佛可求。其時萬行休止以為究竟，若住此即退墮二乘，不得進上菩薩，名法愛生，又名無記心。然依菩提心之勢力，及如來之加持力，又能發起悲願。其時，千方諸佛同時現前，而勸喻之，以蒙佛教授之偈，即轉生極無自性心。」大師以四句偈示云：「水無自性、遇風即波；法界非極，蒙警忽進。」

但強調性起的華嚴宗以全一之真如、當體之動，轉成為天地萬有。天地萬物，即常在變化流動，瞬間沒有固定而不靜止。因為，一切事物沒有固定之自性，此主張即「極無自性心」，此即「極無自性」、「至極無自性」等義。

善無畏三藏又說：「觀一切染淨諸法，無不是從緣生；若緣生即無自性，若無自性即本不生，本不生即心實際，心實際即又不可得也，故極無自性心生。」當此。

性起法門之圓融無礙

依此性起法門，宇宙存在之一事一物，不止是空間的橫之構造性互相交涉而已，時間的縱之構造性關係也都在一瞬，一刻間，活現於不可須臾分離之全一關係中。故舉一即一切為其背景而附屬之，而言一切即非各個孤立，都是不可須臾分離的一體。所謂一即一切，一切即一之關係，同時，貫三世而逐漸發展流動。現在之一瞬，荷負過去之一切，孕育未來之一切；而活現於無限。

法界緣起

此一塵一法之中具全宇宙，各個各自建立自己之世界，彼此交涉關聯。恰如帝網重重，各寶珠互相以自己之內容而交映互照無盡。其過去之一切，未來之一切，現在之一切同時具足圓滿無缺，逐次緣起也，此為事事無礙，亦名法界緣起。

性起法門之地位

強調此事事無礙、法界緣起者，以宇宙一切為動態去觀察，亦止於得到「智性」之滿足，於「情意」上卻峻別因果。直把現在之世界看成凡夫因地之所見而斥之，而把果人之世界實相視為完全斷絕因人視聽，為不可得、不可說之境地，將此生、佛、因、果加以峻別，加以隔執為二，實違反理想與現實。「智、情、意」對立缺乏彼此圓融調和，不能於宗教心上將「智、情、意」打成一片，以便能把握宇宙真相的活現去實現行動。

密教之特質

鑑此缺陷，把握了其全一之宇宙實相，當體為法身佛。於宗教心上，以一事一物為聖的東西去侍奉，由各個立場去充實莊嚴法身佛之內容者，即密教之特質也。

依從密教精神之天台華嚴

從相對立場來看，人、天、聲聞、緣覺等之九種法門，九種住心，都是由淺入深轉妙者，但終結是入秘密之基本，亦是開秘密庫而拂開外塵的前行法門。若依此入於秘密法門，通過這秘密體驗之光明，廣照一切宇宙間存在之物，無一不是秘密莊嚴世界之內容。是入秘密過程之性具法門或性起法門。當體即是秘密法門之體現者，觀自在菩薩法門，普賢菩薩之三昧道也。

第九節　達摩禪與密教

禪定之意義

「禪」是梵語「禪那」之簡稱，通常譯為「靜慮」。即靜止散亂心；或云念慮，心住一境。又禪那與三摩地同義，三摩地譯為「定」，禪那與三摩地合稱為「禪定」。

禪之種類

「禪定」完全是印度宗教共通的特質。單以佛教來說，不論大、小乘教，都以此為中心思想。於中國，華嚴宗第五祖宗密繼承荷澤神會系之禪，而將禪類別為四種，即外道禪、小乘禪、大乘禪、如來禪等，其內容深、淺則不能一概而論。

達摩禪之由來

於佛教中，禪隨時代而遷變，漸漸地形式化而失去其精神，變成文字禪或口頭禪。當時，專為把握自心真相，直接觸到實相的活現當體為目的而施設者，即所謂以「教外別傳，不立文字，直指人心，見性成佛」為基本，而為中國佛教開闢了另一新天地者，即是後來另立一派之「達摩禪」。中國梁武帝時代，菩提達摩由南天竺渡來中國，初傳妙趣給弟子慧可，是為達摩禪之開端。

達摩禪之淵源

達摩禪溯其淵源，即當時佛在靈山會上，於人天大眾之前，拈了梵天獻上的一枝金波羅華，揚眉瞬目，大眾皆不知其意，俱都啞然，獨大迦葉會此佛意而破顏微笑。此時佛說「我有正法眼藏，涅

達摩禪之傳承

槃妙心附囑摩訶迦葉」，此即是「以心傳心」為宗的達摩禪之濫觴。於印度，佛傳迦葉經阿難、商那和修等至第二十八祖菩提達摩。爾後，菩提達摩入中國，為中國禪宗初祖，經慧可、僧璨等至六祖慧能。慧能之下又出有南嶽懷讓與青原行思兩祖。南嶽系統傳至臨濟禪師為臨濟宗之初祖；青原系經五代而至洞山良介禪師為曹洞宗之初祖。

大師入唐時達摩禪之情勢

臨濟禪與曹洞禪由榮西、道元傳入日本。因此，日本之臨濟宗或曹洞宗俱都是弘法大師以後鎌倉時代成立的。故大師之判教沒有包含此，但其時達摩禪已在唐朝盛大傳播着。大師入唐時（八〇四）南嶽禪之百丈懷海（七二〇——八一四）或青原禪之藥山惟嚴（七四五——八二八）大力宣揚達摩禪。大師以專攻密教為立場，所以沒有直接傳此。但大師入唐曾親接此禪風，此於其所著之《心經秘鍵》中可以窺見一斑。

大師對禪之關心

弘仁四年，比叡山之傳教大師——最澄向大師借覽抄寫《般若理趣釋經》之答書中說：「秘藏之奧旨不以得文為貴，只以心傳心者。」一弘仁七年，奏請賜高野山之地為修禪道場章有下文「我朝之高山峻嶺，乏四禪之客，幽藪窮巖，入定之賓稀，此禪教未傳者，住處不相應所致也」。大師對禪之關心，由此可以思過半矣。

勿論大師所言之「修禪」、「以心傳心」，不是單指此達摩禪，而是指以心灌頂之秘密禪，或指密教獨特之五相成身觀。但達摩禪確實亦為大師所考慮以入之，篩鎚精練淨化而容納者也。

密教與達摩禪之交涉

密教與達摩禪之關係，可能於正純密教傳入中國時開始的，此種禪屬北宗禪。這可以從一行禪師之師，崇岳會善寺之敬賢與善無畏三藏有關禪的對論，由西明寺之慧警所筆錄之《無畏禪要》得到

無相禪與有相禪

南頓北漸

考據。

為使無念無想為基調之達摩禪者，明白秘密禪之妙諦，《無畏禪要》中有說：「初學之人多恐起心動念，專以無念為究竟而絕追求。凡念有善念與不善念二者，不善之妄念要止，善法之念決不可滅。要真正修行者增修正念，非至究竟清淨不可。如人學射久習純熟，念念努力，常於行住俱定，起心不壓不畏，思患進學有虧。」

依此，可以明白，此《無畏禪要》之秘密禪與達摩禪之無相禪不相同處，是正念集中於境的有相禪。又從其學射的譬喻上看，與漸漸積聚修行之功能，漸次到達悟境之神秀北宗禪，有類似之處。

南頓北漸同是第五祖弘忍（六三四——七一二）之門下。其北宗禪之神秀以《楞伽經》中之「漸淨非頓，如菴羅果漸熟非頓」為基，基此「漸漸修學必到成佛」為主眼。反之，南宗禪之祖慧能（六三八

—七一三）是以《楞伽經》中「明鏡頓現，日月頓照，藏識頓知、法佛頓輝」的「四頓列」；或依《金剛經》不經修行過程力説直觀地、瞬間地、到達證悟境界。

但是，無論如何，南宗禪強調頓悟，絕非否拒修行或準備。如趙汴由突然地落雷而開悟；德山為吹滅燭火而大悟。當然，從「瞬間」的立場上看，確實大悟其時是屬「瞬間」、「直觀」的頓悟。但由頓悟以前的歷程上看，可說不是卒爾頓悟，而是抛去身命努力地探求，做了很多工夫，參究了許多教法。由悶而悶，由惱而惱，然後才到達了禪的發火點，為觸了某種契機才頓然爆發，豁然得到小我脱落的悟境。依其「前後始終」通觀起來，漸修與頓悟不過是角度上的看法，其實沒有差別。

其《無畏禪要》裏有描寫禪經驗之真相：「於修禪觀，觸着某

禪經驗之描寫

契機，瞬間恰如雷光，現出身心脱落之悟境。而此是暫時即滅，故云刹那心。體驗此之後，念念加功，如水流相續曰流注心。更積此功不息，靈然明徹，覺身心輕泰，至翫味其境，此曰甜美心。依此離去起伏隱顯心之動亂，曰摧散心。離此散亂心，無染無著，達到鑒達圓明之境地，曰明鏡心。」

刹那心之修煉

雖云南宗禪之頓悟，不出此禪經驗之五種過程的刹那心。昔所謂「見惑頓斷如割石」的境地，恐亦不出此之範圍呢？黄檗之師云：「大悟十八遍，小悟不知其數。」由此看來，南宗禪之頓悟雖言瞬間性，亦是有返操修煉之必要。

與達摩禪相對之秘密禪特質

日本之臨濟宗、曹洞宗、黄檗宗都是屬南頓禪之系統，是希望把握活現當體之姿而去探究一心之實相，其方法之禪悉皆是無相禪。《傳心法要》說「動念即乖」或「學道之人若不能直下無心，累劫修行，終不成道」，如此徹頭徹尾以無念無想為基調。但密教禪是不懼起心動念，而以善念或正念，集中於事物對境之上，專念堅持達而到究竟為特質。如觀月輪、或蓮花、或金剛杵一樣。

一行禪師之密教

此於一行禪師（六八三——七二七）來看，禪師曾參學於北宗禪之祖神秀之弟子普寂（六五一——七三九）體達達摩禪後，才去跟善無畏、金剛智兩位三藏學究密教。特別是其密教之根本經典《大日經》是由善無畏三藏口說，他才撰了《大日經疏》二十卷的。

《大日經疏》中到處閃耀着自認為心宗或佛心宗的禪風光芒。當說明密教精神即「心自證心，心自覺心」或「自心發菩提，即心修萬行，見心正等覺，證心大涅槃」，如此地強調「心」字。又於南宗禪所依之經典《金剛般若經》將「無所住而生其心」之語，轉用《大日經》之「住心」來解釋。

一行禪師在密教之地位

大師對達摩禪之見解

對此，遼朝之覺苑（一〇七七——？）云：「一行禪師撰大日經義釋，即《大日經疏》，融和了南宗禪與北宗禪，將其歸入密教法界門。」禪師對南宗禪、北宗禪都無隙地完全攝入秘密禪。禪師雖出身北宗禪，但未感滿足，這由當時慧持與慧忍兩比丘尼，公然批議普寂一派之北宗禪，是「尚未盡義」。普寂門下不少人非常激昂地排斥此兩比丘尼。然只禪師有同感，對此兩比丘尼之所論大為敬服，這點可以窺見。

與禪師一樣，以秘密禪為立場之弘法大師，如何去看無念無想之達摩禪呢？大師與天台大師一樣，對達摩禪標榜教外別傳，不立文字，雖未曾公開說於判教中，然由「一心翫利刀是顯教，揮三密金剛劍是密教」之大師判釋來推理，此一心無相之達摩禪屬於顯教是無疑的。

達摩禪在顯教中佔何地位呢？大師以前，華嚴宗之祖師曾親承荷澤派禪之澄觀或宗密等，均以此為頓教而收置於圓教之次位。大師亦置於自認為圓教之華嚴、天台之次位，推想即是攝於三論宗之中。從大師「十住心」之第七住心即該當三論宗來說明：「心王自在，而得本性之水；心數之客塵息動濁之波；乃至悟心性之不生，知境智之不異。」等字裏行間看，實有暗示此達摩禪之思想。

要之，禪宗雖言教外別傳，不立文字，亦並非完全不用文字，只是針對滅情止念而到達悟境上說此而已。於真言密教之立場看此「一心齓利刀屬顯教」、「遮遣迷情以拂外塵」為專一之旨，不出三論宗之埒外了。

此所謂淨土教

強調西方淨土之所以

密教之西方淨土

第十節　淨土教與密教

藥師淨土、阿閦淨土或彌陀淨土，此專求往生淨土的宗教為淨土教，其範圍是極廣泛的。但現在所謂淨土教，即指以願生阿彌陀如來之西方極樂淨土為主之宗教，如日本所傳播之融通念佛宗或淨土宗或淨土真宗皆屬之。

何故此等淨土教會比他之淨土特別強調西方極樂淨土呢？這徵之於經，極樂世界之教主阿彌陀如來之願力大而殊廣，攝取力勝，與生於五濁惡世之末法眾生緣特別親，最容易往生故也。

於密教並非沒說西方極樂淨土，此淨土於密教中不出大日如來之蓮華藏世界。《秘藏記》云「此華藏世界最上妙樂在此中，故名極樂」。如斯言極樂世界、華藏世界不過是異名同體。言西方十萬億佛土不外標示「五轉」之中的證菩提；或「四種法」中之敬愛；或云十萬億之功德所莊嚴的國土。要之，以此為觀念或作觀照的世界，如彼淨土教之西方十萬億國土外之彼方的實在世界，斯乃密教淨土之特質。

淨土思想之由來

淨土思想並不存在於小乘佛教中，而發軔於大乘佛教。淨土乃菩薩基於自己修行之行願，信有成佛之可能，於成佛之際同時建設完成之理想國家。於其中已完全達成了一切之誓願，所謂淨佛國土、成就眾生的誓願。此見諸於種種大乘經典中多有說及：諸佛依種種角度，去建設種種淨土的思想，而此理想國家的實現欲求熾盛，於將來擬建設之理想國家的思想。由此一轉，而成諸佛已成道，在當即實現之種種淨土，各個去攝引一切眾生的思想。一切眾生發願，願生此淨土，乃至生起所謂淨土往生的思想。

淨佛國土與淨土往生

將淨土思想大別之，即是自將建設淨土之淨佛國土思想，與願生已經被建設完整之淨土，即淨土往生等二種。而前者即屬密教之淨土觀，後者屬淨土教之淨土觀。

淨土思想與末法思想

此往生淨土思想於印度成立時，恐帶有末法思想甚濃。中國北齊時代，此末法思想非常盛行，同時醉心於此法者亦輩出。特別是唐之道綽乃至善導，主張時教相應為要。正法像法時代已過，今日乃末法之世，眾生根機漸次低下，成佛之行證到底是很難的。故需要信受，對誰人而言，都易相應、易入、易行之末法之教法，而鼓吹往生已現成實在之西方極樂淨土。日本之良忍或法然或親鸞等師繼承此法，各個開創一宗，即今之日本淨土教。

密教與末法思想

然於真言密教，如大師說：「人法是法爾也，何時興廢機根絕絕，正像何分？」完全立腳於常恆現在之主義上，不認淨土教那

淨土觀與念佛

般舟三昧

般的末法思想。對於西方極樂國土其看法亦異，此密教為觀照之淨土，己心之淨土「三昧之法佛，本具我心，乃至安樂、覩史、本來胸中」。大師如此明示。

此觀照之世界如何才能顯現，成為實在世界之淨土，怎樣才能往生呢？即以專一憶念淨土教之佛，即念佛為主眼。其念佛以觀照淨土世界的淨土觀，亦即是觀佛之相好、或德相、或活動等各方面的觀察思念。《大智度論》中有說：初念佛之十號；次念佛之三十二相，八十種好及神通功德力；次念佛之戒、定、慧、解脫、解脫知見之五分法身；次又念佛之十八不共法等。又依《坐禪三昧經》中廣說：「觀佛形像之『觀像念佛』、觀佛相好的『觀相念佛』及觀佛之實相的『實相念佛』。」

依此等方法念佛，而佛姿顯現於行者眼前，即名般舟三昧。換言之，即一切諸佛現前三昧，或云佛立三昧。於觀此佛同時，具觀其背景之淨土，使令現前者，即密教之道場觀、曼荼羅也。

善導之稱名念佛

為求往生西方極樂淨土的念佛，最初有憶念彼佛之形像、相好、實相等。但中國之善導大師對於《無量壽經》中「乃至十念」之文解為稱名念佛。認為諸種念佛中，此稱名念佛最易行。因而加以盛大鼓吹勸說，說此稱名念佛為淨土往生之正因、正行，其他皆是助業不過是輔行而已。日本之淨土教，亦是繼承此善導大師的稱名念佛思想，認稱名念佛為極樂往生之正因、正行。

大師之淨土教

此日本淨土教成立於大師以後，平安朝末期至鎌倉時代。所以在判教中，大師沒有包括此教乃當然之事。但日本淨土教之源泉的善導系淨土早已在中國盛傳，大師入唐當時，繼承此善導系淨土教之法照（七六七—八二一）五會念佛很盛。不空門下之飛錫（——八〇五——），由密教思想或天台思想攝取此淨土思想，著有《念佛三昧寶玉論》，鼓吹淨土念佛，大師可能曾親自接觸過。

飛錫之念佛思想

飛錫之念佛思想，依普佛、普敬之見地立腳。以一切眾生為未來佛，而憶念禮拜；以願生西方極樂淨土，為是心是佛之觀照淨土，完全合於密教之曼荼羅思想。大師以此與密教同視，然法照等之善導系淨土念佛思想如何處理呢？

大師之判教與淨土教

以大師之判教思想看，當時此善導系之淨土教尚未傳入日本，故無論述必要。又大師亦未納入判教中。但是從密教之見地來說，西方極樂淨土教主阿彌陀佛，即是大日如來之一德，為一方之佛。於密教，不空三藏說：「此佛名無量壽如來，於淨妙佛國現成佛之身，住於雜染之五濁世界，即觀自在菩薩。」如斯，將阿彌陀佛即無量壽如來，與觀自在菩薩同視。

密教之淨土地位

大師以後之淨土教

其大眾化、通俗化、形式化之善導系淨土教，可以看做機械式之稱名念佛。力說依此而能往西方十萬億佛土外之極樂世界，以恣躭於自己欲樂者，似乎有利己主義之嫌，恰如印度之生天教或中國之道教。但依教門的施設者善導大師之精神來看，依此稱名念佛而捨去小我之根及「計執心」，淨心一意追隨阿彌陀如來的境地，即相當於大師之「十住心」第八住心之空性無境心，或一道無為心。由大師將此阿彌陀佛與觀自在菩薩視為同體的法門推之，此善導系之淨土教可以攝於第八住心了。

大師入定後，天台圓仁將法照之五會念佛傳入日本。於比叡山建立常行三昧堂，宣揚此念佛法門。爾來經空也、源信、至良忍，由華嚴、天台之思想上攝此淨土念佛，開創了稱為彌陀法門之「一人一切人，一切人一人，一行一切行，一切行一行，十界一念，融通念佛，億百萬遍，功德圓滿」八句為本的融通念佛宗，而極力弘通「無所不至」。

因此情勢，真言宗之覺鑁上人（一〇九五──一一四三）即著《五輪九字秘釋》與《阿彌陀秘釋》等書，由密教之見地，力説淨土念佛。其後法然上人（一一三三──一二一二）撰了《選擇本願佛念集》開淨土一宗。高野山正智院之道範（一一七八──一二五二）又著《秘密念佛鈔》三卷，以明淨土念佛對密教之立場。

闡釋淨土教之覺鑁與道範

第四章　密教之安心

密教精神與密教安心

第一節　密教精神與安心

若果把握了密教精神，所謂一切煩惱或不安，都將自然消解了。此處更還提出什麼安心問題呢？提出這種問題，乃是由於密教精神之論議與安心，都是因個人對安心需求之目標不同。所以其出發點乃至所處之安心重點亦異，故又重新提出加以討論。

雖然密教精神之核心似乎置在「安心」上，但是此安心並非密教精神之全貌。一言及密教精神，即必需要知道，活現自己之原動力是什麼？貫其天地之全一生命是什麼？及各個個體彼此間又有什麼關係？於廣闊無涯的宇宙人生裏，從其密教精神中，以成為中心或樞軸的東西為對境，來安住其心者，從自然構成密教安以心了。

所論「安心」從形式上來看，並非只有依密教精神才能得到「安

普通人之安心與宗教

密教之安心問題

心」。依「安心」程度之淺深高下，而斷除某程度之不安或煩惱，以得到「安心」，於一般來說並非難事。如罹患疾病者，得醫藥而解除其病苦；無錢購米的貧人，有了錢購米而得到安心。都是「安心」之類。又「安心」於宗教來說：依天主教、基督教、日本之天理教，黑住教、中國之多神教亦能得某程度之「安心」。於佛教來看，華嚴、天台、禪、淨土、日蓮等宗派各都有說「安心」法。無論如何，各種宗教或宗派都依各個之立場給予相應之安心為專念者也。而站在密教之立場，到底是用什麼方法，給人什麼樣的安心內容呢？也就是我所要探討的問題了。

如能把心集中於密教精神而統一之，於此安住，就能除去不安或煩惱，而得到平安不動之心境。假如能這樣，其心應安置於什麼目標呢？其目標用什麼言語表現呢？所謂其標語如何，假如不從具體的事實出發是不可以的。

人都是活在感性之世界的，於感性之世界上，若把握了對知的認識之密教精神，人間之一切生命，除卻「感覺」外，就沒有什麼切實感與生存感了。為了把握密教精神，所以對於已通過個體，而具體表現出的感性活動，怎樣去處理它或統制它？以及因感性所引起之不安，或煩惱如何消除等？都必須加以檢討。

有各種感官故，常有欲見、欲聞、欲食、欲飲之切身欲望。這些欲望如果可以隨意實現，就沒有任何之不安或煩惱了。然而，世間之事，十之八、九事與願違，所以常會有各種不安或煩惱。因為無法去統制這種種不安或煩惱，所以不安煩惱才會不斷地出現。

這種感覺是極其主觀性、個人性的，而且是剎那無統制之東西。若任其瀰漫就會傷害身體，妨礙身體器官的生存機能，而造成身心不得安寧，與「安心」完全遠離。常如「六窗一猿」之喻，一刻都無法休息。浮動的心猿，由眼、耳、鼻、舌、身、意之六窗，而迴覘、動搖、焦慮、顛倒，為此引起種種煩惱與不安。要消除這些不安煩惱，必需要將此心猴緊縛於一處，令他不能動轉才成。此即「制心一處」而安住，這亦是所謂「安心」了。

安心之意義

此處所言之「安心」一語有二種意義：是普通之「稍安心」，和不安相對的「安而晴的心」。佛教等之「安心」雖然能造成「永久的安而晴」，其先決條件亦必需守心而安定止住。

安心動機之四苦八苦

為什麼一定要求其「安心」呢？因為心有不安，所以有煩惱，因此需求心安。若果世間有常樂，就有如某個道長所云「此世若如我世之望月，常以無虧者」，本沒有什麼不安煩惱了，更求什麼安心呢？

但是望月也會有盈虧之時。一時之得意或歡樂，往往是未來煩惱的開始，愈得意，愈歡樂，煩惱失意也愈大。悲痛失意，或煩惱不安相續不絕，以致求取「安心」亦隨而無止境。人世間擁有令人羡慕的「富、貴、權力、健康」者，為數不少，但若說這些令人羡慕者永遠沒有煩惱不安，就不見得如此了。經云「三界無安，猶如火宅」。生於世間的人或許由宿世善業所惠，而今得到某程度之幸福，但未有一人沒有不安與煩惱者。

因為人生來就有個肉體及心故，才有不安或煩惱。為要長養身體，所以需飲食、衣著、住所，自然而然就有生存競爭。不期然會遇上弱肉強食、強中自有強中手的情形，為此會生出種種不安煩惱。又因肉體變化生滅無常，青年會變成老年；紅顏會成白髮翁；健康的身體會因老弱而生病，終至死亡。此生、老、病、死四苦，不論貴賤，一律平等無法避免。假如身體健康，精力旺盛，往往會招來熾烈切實之感官慾樂，而帶來煩惱。而且會遇到不測的種種災厄，或突發的境遇；所愛每會生離或死別。又社會上人與人間的際遇，常是怨憎相會；又因貧窮故，常無法購到理想中之物，有時連最低限度必需品也買不起。凡生而為人，不安煩惱是無法避免的。

此等不安煩惱，時不論古今，地不分東西，人不分中外一概如此。為此人們才會生起企求美境，永久、解除煩苦之心，希望能獲得安心。

若只為一時的安慰或得意，那勿須多用心機。但若要徹底地去消除煩惱獲得永久安心，那問題就大了。釋尊生為印度迦毘羅城之王子，身分尊貴，所以會出家修行，其動機亦在此。況乎要把握密教精神，而後去生存活現者，更是不可以等閒視之。

第二節　安心思想之由來

佛所教安心之道

古人云：「不是月歪，是波搖也。」同此，吾人常為感情或慾念所搖，為此所歪，而映出不安或煩惱了。為要斷滅根源，佛即教與人「心正」，「安心於一處」的方法，此就是「禪」或「止觀」也。

佛滅度後之形式化與求那跋陀羅之東來

但是佛滅後，安心方法漸失去其精神，佛教遂成形骸化，只誇高遠之哲理，而變成學解佛教的盛行。中國佛教又魅此風潮，失去生氣。當時由印度來了一位求那跋陀羅（三九四—四六八），而彼時之中國學僧學「佛道」，而又徒重名譽，歪於嫉妒心，為此心不安靜。求那跋陀羅因而嘆說：「若要成佛，先學安心。」或「學大乘者，先無學安心，定知有誤」等，而力說安心為重要之科目。

後來，達摩渡來，欲傳此安心法，但悉為學解之徒所因，受彼

達摩之渡來與安心

大乘安心之法

禪要與安心

等非議，終於入嵩山面壁。當時只有道育、慧可二人心服達摩，亘經數載之時間，虔敬而事奉養。達摩被其精誠所感，誨以真法，此即大乘安心之法也。

此大乘安心法是《金剛三昧經》所謂「人心神安坐，令心常安泰」者，達摩把此安心法稱為壁觀。壁觀者「面壁，令人不見其處」，如此面對牆壁，外息諸緣，心統一於內也。此識本心也，見心也、得心也、捉心之道也。

此禪法經慧可、僧璨禪師等弘揚，投與其時代一大反響，可以窺視一斑。從而天台之慧思禪師（五一五——五七七）慨嘆曰：「江東佛教單重義文，慨輕禪法。自以定慧雙開，晝談義理，夜言致遠，各自思擇，全賴依定發慧。」師承慧思而創立天台一宗之天台大師智顗，亦力說安心之法云：「安心者，善以止觀，安住法性之謂。」

以定義之。後又開自行他行二方面，分六十四種予以廣說。

安心法與念佛法

此後，安心法漸漸廣行普及，並以種種角度去探求思索研究。如禪宗之第四祖道信（五八〇——六五一）對安心法與念佛之關係云：「念佛心相續，忽而澄清，更不緣念，乃至念佛即念心，求心即求佛。所以無形無識，至佛無相貌，知此道理，此即安心也。」

稱名念佛與淨土安心

依道信之立場去活用淨土法門者，可說是唐朝之善導大師（六一三——六八一），他在其《往生禮懺偈》前序中以「今欲勸人往生，未知如何安心、起行、作業，定能往生其國？」作問。答云：「無雜任何疑惑心，以『至誠心』為本。心專注於極樂淨土，由心之深處憧於生彼，所謂起『深心』。見何，聞何，悉皆回向往生極樂；無論如何都要往生其國；發願要見其國之主阿彌陀佛，所謂起盛大回向『發願心』，依此必能往生淨土。如斯具此三心必能安心。」

善導大師歿後三十餘年，正純密教由善無畏三藏於開元四年（七一六）初傳入中國。善無畏三藏翻譯密教根本經典《大日經》之際，做為筆受負責刪綴詞理工作者，就是一行禪師（六八三—七二七）。禪師依北宗禪祖神秀（六〇五—七〇六）之付法弟子普寂（六五一—七三九）出家，研究禪，一面又求學於天台之弘景（六三四—七一二），而又特別私淑於弘景之高弟，繼承其教學已自成一家的惠真（六七三—七五一）。

然何故又師事於善無畏三藏及金剛智三藏研究密教，至成為《大日經》翻譯之筆受者呢？其詳細情形難知。但禪師當時有點慊於北宗禪，故更進一步去研究秘密禪。同時《大日經》也說有相同於禪之思想的安心法門，其動機似乎是如此。

一行禪師之入密動機

於《大日經》開頭就以《住心品》從密教立場安住心神，亦即是明示安心要領。強調此等同於彼禪宗的「識此心，見此心，得此心，捉此心」。《大日經》又以「如實知自心」為主眼，故自然地亦與天台一心三觀之妙理相當。依李華所傳，禪師於《大日經》筆受時，義有不妥，或起疑時，均請益於其師事私淑之惠真，以辨別之然後決定，因此自然地以禪或天台為背景去解釋《大日經》中之密教意義。

依一行撰之《大日經疏》來看，《大日經・住心品》之「住心」之語釋謂「自心發菩提，即心具萬行；見心之正等覺，證心之大涅槃；發起心之方便，嚴淨心之佛國。依因至果，皆無所住而住其心」。其連續強調「心」，類似以心宗或佛心宗自任之禪宗。所謂「此心是法源，何法不備」。以「心」為中心的思想。又如為六

密教安心史上一行之功蹟

一行之安心觀與弘法大師

祖後禪宗所依之經典《金剛般若經》中所謂：「無所住而生其心」之語，轉用「住心」之語，來結其所釋等，也都含有禪師自參究的禪思想。

更又說安心曰：「一向心安於諦理，務以穿徹。」或「安住諦理堅固不動，八方之大風不能震動」等。其中所用「諦理」之語，當然可以解釋為密教精神的真諦之理，但亦可理解成天台安心之「空、假、中之三諦妙理」。

但是，其安心觀雖然被天台思想或禪思想所染雜，然而終能通過《大日經》而表明了密教之安心思想的人，即是一行禪師。所以在密教之安心史上，禪師之功績確實不可沒。

一面繼承《大日經》并《大日經疏》之安心思想，更以《金剛頂經》等為背景之立場，以之直見與檢討，由此處去確定了積極的、具體的正純密教之安心說者，即弘法大師。大師將安心或住心之「心」，不止用為無念，或無所住的消極方面。更積極地把握之，以為是身心不二之法界心。由此去活現一切，照一切之生命體。同時，次而為細胞去創造，現出各個之所有一切。通此各個個體去充實、莊嚴常恒不斷之自己內容，以達到極具體的「秘密莊嚴安心」，並至最究竟的理想宗教心。

第三節　弘法大師之安心觀

大師之安心觀

由那些資料可以得知大師之安心觀呢？大師之《十住心論》與《秘藏寶鑰》是很好的考察資料，吾人可以由此知悉大師之安心觀。

大師之如實知自心

所謂「安心」，安什麼心？如何去安住呢？大師論說安心時，都以強調安心的《大日經・住心品》中之一句，即「如實知自心」

為出發點。而此一句「含無盡義，豎表十重淺深，橫示塵數之廣多」，大師基於此確立了獨特之安心說。

淺深十重之安心說

依大師之見，安心有種種程度或淺深不同，不能一概而論。從得到安心之方法，或教法上而言，並非全依宗教不可。如淺者依物質即可得到安心；深者即非依精神不能概之。

如羝羊只有食與生殖，其外不必有什麼宗教信仰。庸俗的人們若為飢渴所脅時，得到食物就可以安心；惱於性慾者，即得到異性而合之，就有無上安慰感了。若需以宗教或教法得到安心之道，中國之儒、道二教，或印度之婆羅門可以提供此種安心之道。更以深者言，佛教亦有小乘教、三乘教、一乘教等言安心之道者，實是千差萬別，依此種種都可以安心。為此大師即由各種場合而整理出所有的安心法門。分為十種，所謂十住心，又稱十種安心，依各角度予以廣說。

最高至上之安心

此十種安心，依人、依位、依程度之適應，都是至上之道。依此去解消所有不安與煩惱，而得到相應之安慰和安靜。

但從安心內容來看，大多數是暫時性的，沒有永久性。極厭世性的，沒有社會性，脫離現實概念者佔大多數。只有第十位之「秘密莊嚴之安心」才是真正永久性、完全性、融通性、社會性、包容所有一切去活現永遠全一者。

秘密莊嚴安心之內容

大師說明此秘密莊嚴之安心云：「秘密莊嚴之安心者，究竟覺知自心之源底，如實地證悟自身之數量也。」此「安心」即是「安住於心」。此心決非指被感情或慾念所歪之輕佻浮薄之心，乃是貫天地之生命體，內心奧深之處所流的本心。此當體即所有天地一切之根源本性，此於內的是心，於外的是身、是色，亦就叫做所謂的身心不二；也叫做色心不二而稱為法界心。安住於此法界心即是真正之安心。等而言之，於內即覺知自心之源底，把握貫天地之本心；於外即以所有一切為自己內容、為自己身量而體認證悟之。

秘密莊嚴之意義

何以此安心稱做秘密莊嚴呢？因為貫天地的色心不二之法界心，是以所有一切物為自己內容包容其於胎內，同時通過其一一之細胞，充實莊嚴故也。而此「莊嚴」特別言「秘密」者，因對未開心眼的普通人們來說，是神秘而又隱密，故言「秘密」。

秘密莊嚴安心之內外二方面

大師說此「秘密莊嚴安心」有「內的」、「外的」兩方面。若以內的而言，為確立其安心要靜止統制其被感情，或慾念所歪之心，把握心之源底的本然之心而予以安住。以外的方面言，即需以法界為家，以所有一切為自己內容，所謂八紘一宇如實去活現才成。

大師有詩云：「聲心雲水共了了」，或「曉月、朝風洗情塵」，或「三曜朗天中」，乃表示「內的」安心境地。「奉獻十方法界身」、或「頭面一禮報丹宸」、或「諸佛威護一子之愛」等，都顯示此「外的」安心消息。

大師強調此「內的」、「外的」行為説，欲以此種貫天地之生命體「全一」之「我」的活現，來確立密教之安心法。非將其內心體驗伸展於外而活現之，並於色心一如，八紘一宇之立場上，以所有一切物為自己內容，去導化成為協同體、一家人，俱樂而尊貴地去活現不可，因而如此主張也。

其創立了「綜藝種智院」教養一般成年人，並作《無常歌》（《伊呂波歌》）誘導幼童等。大師不但對教育事業有盡瘁的偉大功蹟；為人群，為世間造路、拓山、架橋、探溫泉，特別是果敢勇為築造滿濃池或益田池等大工事而造福了眾多的人民，奉獻其一身於十方法界造福人民社會的功蹟，也確實大放千古不滅輝煌之光。上至君，下至民，敬仰沾恩，派別分明的教界也無不尊重。一言大師，即知是指弘法大師，為全國開拓文化教育藝術等等無所不辦，嗚呼聖哉。

大師於活現內外一如的密教安心上，深深掘下內心奧底，與其所流之生命體合一純化，自成貫串天地之生命去支配外界。強調其靈化之秘密、瑜伽之法，由修此秘法常為國家之安泰或人民之福利而祈願。其結果在神泉苑祈雨；或祈天皇之煩惱平癒；或祈天下大疫之滅除，亙及平城、嵯城、淳和、仁明四朝，為國家而奉勅修法達五十一次。

大師出生於日本，所以忠於其國家，以其國為貫全天地的生命

大師之安心與國家觀

體，是最完整表現之協同體。同時統治其國之歷代天皇為全一之中心的靈體、活神，是住於金輪聖王之姿的大日如來。從而忠於天皇即是活現全一之國家，是各個人民活現真實之道者也。

大師忠君愛國之熱誠，自云「覆我、載我乃仁王之天地；開目、開耳者乃聖帝之醫王也，欲報欲答無極」云。又立誓曰：「空海，自沐恩澤以來，力圖報國，歲月已久，乃至生生成為陛下之法城，世世為陛下之法將。」由此可以窺其一端。

大師之安心與教化法

大師以「以國為本廣及八紘，法界為家，我與一切協同成為一如而活現」為秘密莊嚴之安心法。同時大師住此安心法中，沒有被任何煩惱不安所乘，於永久不滅的法悅歡喜中，安心地活現於全一而生活着。

其自己所體驗的安心，於向外廣為宣傳時，不尚口舌空談，而以身作則，通過灌頂或祈禱或法會之儀式，宣法音攝導大眾，因此與會人眾於不知不覺中，培養信念生起法悅，得到無煩惱及無不安的安慰。於此互惠的氛圍氣中，自然地協同調和，贏得了秘密莊嚴之全一安心。

第四節　大師以後之安心問題

生得安心之氛圍氣

如魚離水無法棲息一樣，人類亦與其時代環境之氛圍氣不可分離，所以人若要活在秘密莊嚴之密教安心上，必需造出能生安心要素的氛圍氣才行。

因此，必需建立壯麗的堂塔伽藍，由其堂塔之內外莊嚴生出髣髴如秘密莊嚴之佛世界的氛圍氣，坐於此種氛圍氣之道場中才容易得到安心境地。因立於即身成佛，當相即道之立場，密教特別主張道場莊嚴，法寶莊嚴，自他身心莊嚴。而不若一般所謂的苦行僧，如乞丐般的行為生活。

由於此風潮，大師以後，覆及整個平安朝之歷代皇室、貴族。准貴族人士，相爭造營堂塔伽藍，其落慶供養或堂塔法會沒有寧日。於宮中有「後七日御修法」，或「太元帥御修法」、或宮中二間之觀音供，「晦日御念誦」等等常例法會。至於其他，若煩惱即修藥師法；除災修尊勝法；延命修壽命經法；天禍修大佛頂法；依大小公私之所要求而修種種秘法。佛教終變成祈禱佛教、法會佛教、儀禮佛教、伽藍佛教了。

其氛圍氣與祈禱佛教

祈禱或法會本來在充實了秘密莊嚴安心法的梵行者之精神下，即能得到加持，而令一般人獲得滿意的安慰或除去煩苦，導入真正的密教安心。但歷時既久，此等祈禱或法會漸漸變成形式化、固定

淨土思想之興起與覺鑁上人

化、完全遠離其密教精神實義生活，以致無法使自己安心及予他人安心了。現在除了南傳佛教外，中國顯教寺院及日本佛教寺院，均呈現此種現狀，此等確是一大憾事。

當時由於日本藤原氏之情實政治，令人失去現世幸福的希望。因此為實現未來之理想世界，佛教遂有淨土思想之勃興。空也（九〇三—九七二）、源信（九四二—一〇一七）、良忍（一〇七二—一一三二）等均盛大宣揚此類思想。當時覺鑁上人（一〇九五—一一四三）亦沒有默視，而以「安樂、覩史，本來胸中」的大師思想為基準。論述「言極樂，云覩史，不外是密嚴國土；言阿彌陀佛，言彌勒菩薩，不過是大日如來之化用。以此超越正、像，末之三時，活現常恆現在的密教立場。而論及成佛或往生，並非難題，如實慧、真然等，皆先成佛而後往生都率」。

至於法然（一一三三——一二一二）、親鸞（一一七三——一二六二）之時，漸漸成立了以西方淨土為基點之淨土宗或淨土真宗。而此等新興佛教與舊有佛教間，其行為方法有異。脱出了以貴族為中心之佛教，而廣呼大眾若以儀式法會布教，不如用口舌力説；因而到處宣講善導系淨土，安心之稱名念佛，強調無常迅速，生死事大，同時心要常以往生淨土為主要目標。

此等淨土安心思想風靡於當代，刺激了當時之人心。從而和法然，親鸞同時代之道範（一一七八——一二五二）著有《秘密念佛鈔》，由密教立場，説西方淨土或阿彌陀如來，不過是法界心之現象。當其臨終正念：「其生乃不生之生，故更無來處，死乃不滅之滅，故更無去處。」力説此正觀方法。

又醍醐之憲深（一一九二——一二六三）撰著《宗骨抄》云：「真

言行者，於生死二法，如何安心，以離彼生死？」提出此等問題，而加以論述曰：「受生是進退故，遍法界悉月輪也；撤去何處？行往何處？十法界悉𑖀字故，厭何界？只厭生死、欣涅槃乃初心未練者始行也。」等以密教立場加以明示。

憲深之密教安心法

我寶之三根安心說

憲深之後約五十年，東寺有位自性上人我寶（——一三一七）強調：「西方淨土或都史陀天，不外本來胸中之心，但云只有上根之人，才能覺得自心胸中之淨土；中根之人要契證此者難，還是隨願往生十方淨土好；更下根之人自心淨土之意義都不知道。如此之人只憑真言念誦，蒙其加持力，生生世世生於人天。待彌勒菩薩出世後授記成佛。」等創三根安心說。

對三根安心說之批判

對此三根安心說，我寶謂：「其旨說於《金剛頂經》」。但是於一生成佛之真言行者，有上、中、下三根之不同者，只說於《大妙金剛經》。我寶所說三根安心說，於《金剛頂經》並未提及。

後來以安住於身心不二之法界心為基準的密教安心法，逐漸成概念化而失去其活力，缺乏誘導社會大眾之自信。同時，末法之世，眾生機根漸漸低下，以為成佛之行證等到底是不可能的事情。此大概是淨土宗之末法思想所影響的結果。我寶生於北條氏之末期，當時世相險惡，骨肉相食，人心相背，已經呈現末世之相，故有此種主張。

仟遍之定散二種安心法

經南北朝至室町時代，世道更亂。明應三年（一四九四），高野山寶性院之仟遍，於其所著《一期安心記》中云：「當世，舉國動亂，萬事不正，人皆以犬烏心領受國郡。於父母無孝，不敬沙門，前代之聖帝、賢臣所捐獻之佛餉僧供，悉盡敕還為鵄鷹、牛馬之口分。」仟遍（一四五四——一五一六）遇此時世，力說其安心法云：

「若住三摩地（定），入深觀時，心即遠離生或滅、或去、或來。身即生、佛一如，土即淨、穢不二。」而宣揚傳統密教安心法。但：「若處散門，生出厭求想時，暫閉目思量：我今命終不越如來本願，聖眾共相迎，貴哉！當此時永別沈淪之苦海，始到不退之樂岸，歡喜何事可比！」而陶醉於淨土安心者。

對此之批判

上述之觀念，從密教精神來看，應該是內外一體，定散一如才是。把內的定門與外的散門隔離分別，不能說是正統密教之安心法。

日本德川時代之安心問題論議

密教之安心問題，經戰國時代至德川時代論議最多。因為太平既久，受文教興隆刺激，再者另一方面，當時佛教被德川氏之政策所操縱，誘導致各宗對立的情勢。對於安心之問題，有迫於非鮮明分別出各自立場不可的情勢。

從而大阪北野不動寺之彥岑（一六四五——一七二七）說：「主

種種的安心說

懷圓之二根安心說與批判

張即身成佛乃密教之特色，故非有密教不共之安心法不可。」新義豐山派之周海（一七一八——一七八九）、河內高貴寺之慈雲（一七一八——一八〇四）所主張和此說同。又河州延命寺之蓮體（一六六三——一七二六）不過是繼承自性上人，我寶之三根安心說而已；但藝州福王寺之學如（一七一六——一七七三）不同意此說，而取《大日經疏》第三品中「上是密嚴佛國、中是十方淨嚴、下是諸天阿修羅宮」之三品悉地安心，以代之。

又阿州天廬懷圓（一七四六——一八二五）改訂高野山仟遍之「定、散二種安心說」謂：「上根是三摩地，即住定就即身成佛；下根即三昧耶由誓願緣登淨土往生。」舉了二根安心說又延申而說「出家為上根，故要住三摩地安心；在家為下根，故以三昧耶安心為宜」，以強調其說。可是未必出家就是上根，在家就是下根。再者三摩地與三昧耶依自證和化他把安心分為二種，可以肯定未徹悟真正之密教安心要義。

對宜然等安心說之批判

野山之沙門宜然（—一八一八—）將住於三摩地的安心稱為「機教相應門」。三昧耶即是由誓願緦登者，稱為「教益甚深門」之安心，此等亦是同工異曲之二根安心說。所謂三品悉地，或即身成佛，不過是把握了密教安心法，於證驗之後，自然地發揮程度上之結果而已，若將此看做安心法是不當的。

日本明治維新之口傳布教

此後，明治維新時代，各寺之領地悉被政府沒收，宗徒生活頓失憑依，非率先考慮自己之生活方法不可。因此，盛行口傳布教，依此廣呼大眾，植福布施，以充宗徒生活之需，除依信施外別無辦法了。結果平常不重口舌布教的密教徒，亦痛感其必要性了。

然而布教亦必需各自把握了徹底的安心才成，為此，有用之安

時代之要求與密教安心鈔

心書籍是必要的。因此高野山之釋良基以《大日經》之「菩提心為因，大悲為根，方便為究竟」三句法門為基本，編成《密教安心鈔》，但似是沒有發生什麼效用。

布教會議與安心章之編纂

雖然如此，但此等卻成為動機。明治十一年於高野山召開布教會議，其結果，主張需要將古來之零零碎碎的宗意安心說，統理一致方成。因此，翌年（明治十二年）在東京開了集大成會議。

當時古義派之高岡增隆、佐伯旭雅、上田遍照、釋雲照四師，與新義派的小野方賢寶師等五師為委員，企劃《新編纂安心章》。雲照和尚擔任總括各委員所提出之意見書并綜合之一職，其委員中有遵奉三品悉地安心說，或機教相應門，與教益甚深門之二根安心說者。但雲照和尚還是以「如實知自心」為主撰了《密宗安心義章》二卷（《安心全書》上五八四頁）。明治十六年由東京法務出版社

密宗安心教示章與服部鑁海僧正

出版。

對密教安心之基本來說，「如實知自心」乃是主要綱目。但實際上，要使大眾去信行，卻非常困難且難以了解，不能廣大把握人心，因此有布教師們大為叫苦，而發生困難無法推行。

在此情形下，豫州仙龍寺之服部鑁海僧正，多方檢討奔走。結果採用雲照和尚之如實知自心為總安心；天盧懷圓師之二根安心說為別安心，以總別二種安心法去統一古來之重要諸說。此書分為二十一章，明治十七年以別處榮嚴和尚之名出版，即現在所用之《密宗安心教示章》。

第五節　密教安心之總別

從此，密教安心分為總別：總安心者，總的說來，共上下二根

服部鍐海師之總別安心說

之凡聖不二安心或如實知自心也。別安心者，以上根、下根各別，上根者心住三摩地即安置於一境性；下根者三昧耶即據心於本誓。此即是服部鍐海師所說之安心。圖示如左：

安心
- 總安心—共二根凡聖不二安心—如實知自心安心。
- 別安心
  - 上根—安心三摩地—三密雙修—即身成佛—機教相應門
  - 下根—安心三昧耶—一密口唱—往生淨土—教益甚深門

其批判

依此看來，鍐海僧正將雲照和尚之如實知自心，與懷圓師之二根安心加以調和。其實只是將二者之說依其總、別加以分類羅列而已，絲毫沒有調和融合。如果羅列總與別關係之安心說，就可以將此二者加以融合調和，就應於總安心之中，包含有一密口唱，或往

總別安心之真意義

生淨土等思想。又於別安心的下根安心之中，就應有通於凡、聖不二，或如實知自心等之思想才對，因此這二者並不是可以互通的。因為一安心說與二安心說之出發點完全各異，一方屬自力，一方屬他力。自力者佛世界是一，他力者佛世界是多；一者佛與我同，多者佛與我別故也。

古來諸大德對鑁海僧正之總、別安心說有種種議難。山縣玄淨師說：「服部布教師的總，別安心之新說，沒有經論可據，吾人不能信用。」但是安心分總、別，於服部鑁海僧正前已有往例，決非鑁海僧正之創說。所以會有問題發生，是因本來沒有總、別關係之物，強為總、別而分類，且擬以此法去統一之，才會發生矛盾的。

凡依宗教之安心便是其宗之精神。換言之，即將心安住於其宗意，而其宗意不得有二，心亦非一不可。不論人之氣質或教養有異，既使同住於一安心上，亦有淺深不同，呈現了各種各樣之姿。此乃同住於一安心上之層面差別，決非是有異於本質的別物。

中國天台之總別安心

以中國天台之「安心說」言，天台大師說：「心安住於法性為安心，但應同人之根機，分為六十四種。」荊溪尊者湛然說：「安住於法性，為總安心；順人性別開各法，為別安心。」

淨土宗之總別安心

基於一安心分為總別的思想，我國（日本）淨土宗亦有：安住於樂求淨土之菩提心為總安心，另以至誠心、深心、回向發願心為別安心而立說。這是依淨土宗所依之經典《大無量壽經》之：「欲往生淨土須發菩提心。」及《觀無量壽經》之「願生其國者，須發三種心」而說。

密教之安立無量乘與總安心

但淨土宗之總安心與別安心決非有別，只是將樂求淨土之菩提心別開其內容。而以至誠心、深心、回向發願心之三心為別安心，加以具體說明。言別安心，或言總安心，乃於一安心上之開合而已。

今以密教安心來看，密教是「安立無量乘」的。隨各種人之性向，演說各種法門，而予以和各人相應之安心法，則非從密教之根本精神出發不可。恰如被大小風所吹的大海面，雖然呈現千波萬波，而同是鹹味之大海水一樣。其安心之程度雖有淺深，厚薄重重之不同，然於密教之安心上言，要呈現如此千差萬別之安心法，予以相應之人而「安立無量乘」，必要安住於密教莊嚴之法界心，以如來之解脫味為基本，根本不動之大安心才成。

無論你怎樣地去說秘密莊嚴安心，對於目不識丁的愚夫愚婦們來說，他們是無從去了解的。為誘導此愚夫愚婦們，用淨土宗那樣的教法，也未嘗沒有。

不論多麼貴重的藥物，若不適應其病，仍然不能奏效的。故以淨土法門可度者，即以此法度之。忌宗教味的人，用世俗法去教化之，也無不可。但無論用什麼方法，始終都須要令其了解，所有一切物悉皆是由貫天地的不可思議力，依其靈體所活現所照，要以這種道理做為結語才成。

生化一切，照一切的「生」其物當體大日如來，才是真我。即是貫串脈流於各個體中之本心；即是法界心。亦即是通過所有一切物，依各個立場去充實莊嚴全一的內容之力，此等都是所謂秘密莊嚴安心。將「秘密莊嚴安心」等依種種譬喻，詳細淺顯地加以說明，那不管什麼愚夫愚婦，都可以自由地讓其了解。

至少，於密教安心上，不管從什麼角度，如何地去斟酌，以便令人了解、解說，一定要有一貫之物才可以。這即是「總安心」或云「根本安心」。恰如扇子之鉗目一樣，任其開展疊摺都能將扇子統一。如此地依人、依事任意卷舒，自由自在地去開說，但不可迷忘了總安心或根本安心之鉗目，否則沒有任何的統一鉗目，就不能成立密教之安心法。

依上下二根別安心說之批判

因此，在上、下二根方面，於密教安心說來看，是不得有異的。依密教之立場，如大師所說：「人法是法爾也，何有興廢之時，機根絕絕也。」而言人，言法本來是「生」其物當體之躍動，因種種因緣而有一時的貴賤、尊卑、上下之面目。所以下根未必永遠下根，亦會進展成為上根；上根亦有墮落為下根之可能。這是修學過程中，某動態點上的程度比較而已，掌握其具體的人，是絕無上、下根之別的。

安心之向上性

《大日經》說：「淨心之續生或住心，亦即是指安心之轉昇而言的。言轉昇並非一次一次變異其本質、或變換、或轉移別處。乃

安心之向上與三力

是一步一步積進努力，掘下內心徹到貫天地之自己本心，觸及活現一切，照一切之「生」其物的靈體，而予以把握融合。活現於一如，步入全一的境地，逐次加強深入之謂也。」

此精進努力，強而深地活現全一於一如，乃「自己功德力」也，「自求力」也。「求即與，叩即開」此求之力應願力而活現，當處自現其助力，這即是「如來加持力」。「佛日之影現於眾生心水為加，行者心水感佛日之影為持」，能感應自己活現的內面之力乃外面之力也。

云內、云外者，本是一如，自、他是一體之故。言外之活現加持力，自己活現之功德力決非別物。能生之力即自生之力，其全一之活現一切、照一切之力，即所謂「法界力」，是不可思議，靈妙的「生」其物之力也。

密教安心之體得

因此，不分上根、下根，一定要深深信受及感謝。此宇宙間無論什麼，都是由此靈妙、不可思議的大日如來之光所照。何時何處都依此才能活現於全一而一如地活着，這才是真正體得到密教安心。若果根分上、下，安心分總、別，這完全不能說已徹底得到密教安心。

密教安心之樞軸

第六節　密教安心與標語

密教安心以內的精神面來說：就是覺知自心之源底，把握貫天地之本心。以外的器界來說：就是以所有一切物為自己內容、或身量去味得證悟之。活現此內外一體、身心一如的密教安心之樞軸，如何才能以最簡明、最簡短的語言來表達呢？因此，「標語」的講求，就顯得重要而被廣泛注意了。

密教安心古來之標語

如「滅私奉公」、或「總親和」、或「協同體」、或「新秩序建設」的標語一樣。古來密教安心的表達，有「不二安心」、「無相安心」、「𑖀字安心」、「本不生安心」、或「菩提心安心」、乃至「三力安心」、「秘密莊嚴安心」等種種名目的標語冠於「安心」之上。率爾思來，有各種安心的施設。其實此等並非別物，不過是於同一密教安心上依種種角度，用不同標語來表達而已。

不二安心

先從不二安心來看，所有一切物雖然千差萬別，但都貫有其為一切根源之大生命。其大生命體即是密教安心之樞軸，這是包容一切，而超越一切之完全絕對物。故無二亦無二所，為不二的一如一體。不管凡聖，都是凡聖不二，於身和心或者物和心方面，也都是身心不二，物心不二，覺此即不二安心。

無相安心

此身心不二，物心一如之大生命之當體，其內容乃包容一切相，而不囚於各相。因超越故云無相，覺此而得安心故名無相安心。

𑖀字安心

無相並非指沒有什麼相，是指離了一切生或滅、斷或常、一或異之對立，了其所呈現各式各樣之對立相狀。但當體即如流水般，一次一次地流動變化，無固定相。此乃「生」其物之不可思議力的絕妙活動，本來非生或滅。遠離了所有一切對立，安住其心於此境界上，曰：「本不生心。」𑖀字是象徵本不生之梵語首位字母，故以「𑖀字安心」立名。

菩提心安心

體達內的、外的貫一切而流動之「生」其物本心，把握了法界心，活現於全一如者即是密教之體驗。此當處即密教之開悟，名曰菩提或菩提心。菩提心是梵語「悟」之意義。密教經典中有「心常安住菩提所」，或「住於勇健菩提心」等，並以此為安心標語，亦即是菩提心安心。

如實知自心

此菩提——「悟」是什麼?《大日經》説明此謂「如實知自心」。故雲照和尚以此「如實知自心」為密教安心之標語。

三力安心

其「如實知自心」不是分析知解自心現象之概念心，而是掌握到本心，覺知自心源底，把握了內外貫一切之流動生成的「生」其物之力。「生」其物之力是絕對的，是活現「法界一切物之力」。此法界力分為「生自己之功德力」，亦是「如來所加持的力」。而此「自己功德力」、「如來加持力」與具足其源泉的「法界力」，共活現於真實，即是密教安心，故亦名「三力安心」。

秘密莊嚴安心

總之，密教安心之根幹者，即是貫天地一切物的「生」其當相靈體的聖之力。依此聖之力，以所有一切為自己細胞而創造生成，通過其各個之一事一物，不斷地充實莊嚴其全一內容。從形體（身）和音聲（語）與精神（意）三方面來觀察，亦名「三秘密」或云「三無盡莊嚴」。「三秘密」之所以稱為「三秘密」者，即是由於對未開心眼之普通人而言。此「三秘密」乃是非常神秘隱密，率爾無法理解之故。

但已如實地把握了「生」其物之秘密莊嚴活動，而活現於全一當體的密教安心者而言，大師名謂「秘密莊嚴安心」。

此等之標語與統一

為表現同一密教安心，從各個的立場看，其標語亦各不相同。然而無論什麼標語，為恐未深入安心法門的人，對標語發生信心動搖或疑惑，應該有一定的標語，否則即會令受引導者發生困惑。因此如何地去取捨選擇，這須要從標語當體之本質加以檢討。

標語之本質

標語本是用來導引當代人的必要物。所以標語必須適應於其時代，而能把握當代之人心，適應於過去的標語未必可以適用於現在。又標語非具有獨創性不可，過去已經引用過的標語，或模倣其他之標語者，往往不能引人注目，且缺乏吸引力。

歷來密教標語之批判

所謂「本不生」、或「菩提心」、或「不二」、或「無相」等，是歷來密教所用的標語，都通於大乘佛教各宗，故無密教之特色，缺乏獨創性。如云「三力」，在內容上，雖然密教與其他各宗有不同之處，但容易與《般舟三昧經》之功德力、三昧力、威神力等之力混淆，單言三力不知指何種，而有含糊之嫌。

又「𑖀」字或「如實知自心」、或「秘密莊嚴心」等語，確是密教獨特之語，具有獨創性。但有難以了解之嫌，似乎缺乏大眾性與平明性。

什麼標語才適切

總而言之，標語應加入獨創性，而有時代之適應性，且是大眾的，具體的寓有「深」義者為勝。但要具備此多項要件者的確很難，如能現代化地表現密教安心的「大日」、「遍照」、「光明」、「靈光」、「念光」、「聖愛」等標語來看，亦不是能把握現代人心的好語言。

遍照金剛之標語與適應性

大師之「御寶號」能廣為一般所唱念，極富大眾性。且充分含有「深」義的「遍照金剛」一語，確實是能現代化地表現密教安心之最適當標語。此「遍照金剛」一語亦是「生」其物當體之大日如來的尊稱。也是已與大日如來合一的金剛不壞定身，而留身於高野山「奧之院」之「大師」寶號。又如入灌頂壇傳承密教精神之後學者，無論何人都賜冠以「金剛」之名。

這「遍照」二字即是表示以大悲的靈光照一切、育成一切之胎藏全一世界。「金剛」二字是表示活現永遠、價值、聖愛、自由、一如之五義五世界的金剛曼荼羅。此「遍照金剛」四字確實網羅了密教精神、密教安心之各方面而無餘蘊。而依此遍照金剛之標語，即能自由地開演「生」其物的密教精神與密教安心。又依此也能宣揚其具現者大師的聖德了。

第七節　密教安心與信心

安心與信心

宗教上所謂安心者，心安住於一定的對象之謂。所以不得對其對象有所懷疑，而必須首肯才行，這就是信心。如果於其對象沒有信心，心就沒有據點，何能安心？所以安心必須要有信心。由此看來，安心與信心是同一過程之心現象。

信之一般性

如病人因醫藥而得安心；貧人得金錢而安心，都是因為相信醫藥於病有效，能醫治疾病；金錢能救濟貧窮困乏之故。所心單舉安心，未必定要依宗教才可能有的。這單的信，乃是於實際生活間所展開的心理現象。若夫婦、兄弟、朋友等，甚至一切人之間，如彼此不相信賴，則連家庭生活或社會生活都無法成立了。

宗教信之特質

此信之心表現在宗教上，即所謂信仰或仰信，不是以對象為真實物的單「信」，而非有尊貴、神聖、感謝而讚仰、崇敬、皈依之禮拜心不可的，如此也才有宗教信仰之特質。

密教安心之信

密教安心不但心信於對象的存在，要感謝此「生」一切，照一切之大生命體「遍照金剛」。其以無限的聖愛，把所有一切為祂自己的內容予以包容哺育。要至誠皈依讚仰其為「稀有者」、「至尊者」、「聖者」，發揮其真我才是密教安心法。

深信之意義

這種信仰，密教稱為深信。善無畏三藏說：「深信者梵音曰捨囉馱（śraddha），此依事依人之信也。譬如有人如聞長者言，而其言有出於常情者，但其人未曾欺人、騙人故，諦受其人其事。」

信解之內容

皈依且投入佛之大人格後，活現於一切之不安或欺瞞等心中之濁質，自然會除去而得心淨，同時就能直接領受佛之大人格而泌入身心。因此得以了解密教精神之真面目，此名信解。又善無畏三藏説：「此信解梵音曰阿毘目底（abhi-mukti）。明見其理，心無疑慮，掘井及泥，雖未見水，知水必近。」

為此，皈依佛之大人格且讚仰崇敬之，同時深深地泊入自己心底，逐漸積聚修行。自己原來不明白或難以契合之處，遂漸漸明白肯定，啟開了真正之智解。如澄觀所言：「信而不解，增長迷信；解而不信，增長邪見。」乃信解不並行所致也。

時下，這種不知信解並行，而固執己見者大有人在，所以應先由信導入智解。即信解合一，始能脱出迷界到達悟境。古云：「佛法大海，以信能入，以智能度。」能入之信就是信仰佛之大人格之深信；能度之智就是由深信所導出的信解。

密教安心上之深信與信解

由此看來，密教安心之要件，必先具有信仰佛之大人格的深信，不疑地皈依才能入住於安心。進而要堅實安心，必須進一步理解密教有關內容。漸次進入，當處就會生起虔敬的疑念，或云大疑。此即是信仰佛之大人格外，對於佛之教法是否正確，或自力不足，而未能深明佛理，或某處之不審的種種疑念。

大疑乃意欲明瞭內容之疑，並非破壞信仰的疑，為能更增益信仰之疑念者也。若無此疑為緣，決不能產生智解。所以佛教經典往往稱揚此疑為精進：「薄福之人不生疑，能生疑必破諸有。」或「若有疑悉能聞法，聞法已得意解，即得開悟，開悟已即生信心」。

拔疑後之諦信不動

以大疑為基本，拔疑之後，無任何可思，亦無任何可疑。到了最後之抉擇點，當處拂落了一切抽象的概念及能所計，一切完全地脫落所生之確信，而進入真正信解境地。故善無畏三藏說：「唯此一事真實不虛，我即是此也，決定諦信我即此法界也。」

此「我即法界也」的解信，決非只是言說的「真理」，「法性」等抽象概念而已。是指活潑具體的現實，是貫天地遍法界之大生命、靈體、大人格。且皈依之、融合之，則是「以身心俱忘，只依佛而活，從佛而行」的境地。

我即法界之具體把握

密教之安心，是以貫天地遍滿法界之大我的大生命為對象的。於內是覺知自心之源底；於外是以所有一切物為自己內容身量，漸次進展，開發大人格證悟把握之。因此，在信心上自然也分為內信與外信。其內信，即徹底確信「我即法界也、佛也」；外信，即信「所有一切物是大生命體之法身佛之表現。所見悉皆佛之妙姿；所聞悉是佛之說法；宿存於所有一切物中的精神即佛當體之心」。

密教安心之內信與外信

因此「自己即佛，即法界」的自信及鞏固，覺醒了真正之自己，

我即佛之信念與普敬

普佛之信仰

本尊之廣狹二義

知道自己是佛，即非做佛的工作、成為「佛心」的所有者不可，如此才能提昇自己的人格，由信外界的一切悉皆佛之表現，故不能輕視。以視如佛般的信念，尊重或禮拜、供養；依信仰自、他即佛的原則下，一視同仁，佛佛相涉，以之活現於家庭、社會、國家。此處始有十足的密教信心之開展，及密教安心之確立。

第八節　密教安心與本尊

「難哉」！「聖哉」！「尊哉」！以之安住其心。所謂皈依信仰之對象，即本尊也。但此本尊有廣、狹二義，以廣義而言：為安心之所依，信仰之對象，所有尊崇之物，悉皆本尊。梵語名提縛多（Devatā），乃「可尊」、「神聖」之義，《覺苑》有云：「本尊是通曼荼羅之諸聖而名。」

守護本尊與古佛像

但對狹義而言：信仰對象的諸尊中，有特別與自己有深緣，而奉為不斷地保護自己；又自己經常懷念受持的聖尊。梵語名娑地提縛多（Svādhidevatā），即是自己之守護本尊，或曰「念持佛」。善無畏三藏說：「本尊又名自尊，曰：所持之尊也。」

此守護自己之本尊，經常懷念受持之念持佛，自古以來在中國上、中、下階級之人或家庭都有。現在以日本而言：大和法隆寺還有保持着光明皇后的母親，橘夫人之念持佛阿彌陀三尊像。不僅此，京都六角堂之如意輪觀音，乃聖德太子之念持佛，賜與「物部守屋」者。奈良東大寺法華堂之執金剛，是良辨僧正之念持佛。其他有山城醍醐寺念電院之如意輪觀音，是醍醐天皇之念持佛。河內觀心寺之愛染明王，是後村上天皇之念持佛。又如中國人或日本人，有用香火常佩帶身上，或掛於車內者，都是本尊。

陣佛與其事例

又武士自己的守護本尊，而供奉於陣中者，此名陣佛。如坂上田村磨東征時，奉毘沙門天王像於陣中為護符。九郎判官奉惠心僧都作的身長二寸六分之木像阿彌陀佛為念持佛，帶到陣中。後來德川家康得之，名黑本尊，常帶於陣中供養。

寺院中本尊多樣之因由

因為人人之念持佛有異故，所以每寺院之金堂，即後來所稱之本堂佛像自然各個不一。寺院之本尊都依願主之特別旨趣，或依信仰而安奉者。此徵之於古例，如日本法隆寺金堂并興福寺之西佛殿的本尊是釋尊。藥師寺之金堂，延曆寺之根本中堂、金剛峯寺金堂是藥師佛。東大寺并唐招提寺之金堂是毘盧遮那佛。西大寺或園城寺都以彌勒菩薩為本尊。

密教安心上貫通內外之真佛

於密教安心上而言：為安心之所依或對象者，乃是貫天地的大生命體，是照一切活現一切之靈體。其徹於內即是自心源底之本

密教內之本尊

密教外之本尊

心；現於外即是成所有一切萬物之活動形象。貫內外之一切，活現一如全一之不可思議、未曾有之靈體，乃是密教安心之根本，是最勝最尊之本尊也。

因此，大師說此密教之本尊云：「未來自性清淨之吾心，是於世間、出世間最勝、最尊，故名本尊。又已成佛之本來清淨之理，亦是世間、出世間最勝、最尊，故名本尊。佛我無二，無別也。乃至於一切眾生各別身中，本來自性清淨之理。即世間、出世間最勝、最尊，我與佛及一切眾生無二、無別，此三平等心也。」

此即是以「內之精神面」為主而言的密教安心所依之本尊。《大日經》以內、外兩方面說明此。以「內面的」言：此本尊乃自性清淨無相之心的實體。但依「外面的」言：則用文字、事象（印）、人體來表現本尊。為欲依此而通天地萬有，達觀貫其全一體的本尊

他宗本尊與密教之三種本尊

密教本尊之多樣與統一論

靈格，而予以融合，使令活現故也。

日本日蓮宗，即以人本尊而建立十界，勸請大曼荼羅；法本尊，力説《法華經》之經題。又真宗於檜木像以外，用南無阿彌陀佛，或南無不可思議光如來，或歸命盡十方無礙光如來等六字、九字、十字之三種名號立為本尊。此僅是轉用密教之文字本尊與人體本尊而已。而以月、劍或蓮花之事象為契印本尊者，任何宗派都未曾活用過。密教即是有象，名、印三種本尊。

總之，由外面來看密教之本尊是多種多樣。單只一尊即具有文字、事象、人體的表現。不但如此，各個本尊之尊體各異，而其兩部曼荼羅之本尊，總數有數百、數千之多。

總觀密教本尊那麼多，到底皈依哪尊好呢？實令人倍感迷惑。各式各樣之本尊是信仰之中心點，不能予人堅實性之安心。因此，

表現體與實體之區別

念持佛與根本佛

提出必須統一於一本尊的議論也會發生過。

但是表現體與實體不可以別論。密教之本尊其實體即是活現一切之大日如來，本來無他。本尊之實體決非有二或三的別體，不過因隨各人之意向，應其教養，而表現出多種而已。所以《大日經》說：「若有眾生，應以佛而得度者，即示現佛身，或乃至聲聞身，或緣覺身、或菩薩身、或梵天身、或那羅延、毘沙門、摩睺羅伽、人、非人等身。」於《法華經•普門品》亦如是說。

由此可見，密教之本尊有崇高的阿閦佛、寶生佛，或有男子氣概的忿怒形之不動明王等，亦有優美的觀音菩薩。其種種表現，都不外為適應各種人性氣質的方便而已。

假如欲密教安心信念堅實，即要選擇適應自己且與己有緣之本尊為念持佛。通此去活現全一的本尊「遍照金剛」；此舉於「安住

密教之念持佛即至根本佛之方便

其心」一言，是必經的路線。

淨土真宗等信奉一佛以外，嚴禁崇信或供養其他之佛菩薩。於密教的立場，如果自己選定了某念持佛，其念持亦是入全一之本尊佛的方便而已，不必拘執於其他表現之佛。若能夠凝一心皈命供養一尊，無論什麼佛都可以讓人融入全一之本尊「遍照金剛」。宇宙間任何佛，任一外教，不外是「遍照金剛」內容之一部分。未證悟者，只固執自宗，不見宇宙之大。猶如螞蟻不能窺見全象一樣，焉能知證全一之真姿哉！

第五章　密教之修養

第一節　修養之概説

修養之意義

修養之功夫

密教經軌之修養法

言「修養」是世間一般的稱謂，與宗教中所謂修行或修道沒有多大差別。於密教的立場來說：就是修得密教精神，予以堅實牢固之。又將密教精神加以涵養、育成，具體化地表現在事事物物上而言的。

要修得涵養密教精神，依人、依境遇、依時代其方法都不同，必須依時境安排，選擇適應自己之工夫才成。常有人言某種工夫最高最好，此乃是因其人的角度而言的。藥不應病不癒，法不適道難成也。

密教經軌上，佛菩薩所示的種種修養方法，即是佛菩薩自己實修體驗，而任何人都信為有效所舉出來的。所以志於密教修行的人們，可以由導師指示，特別選擇適合自己的法，實修此法，以此為基本去適應時境才行。

修養永無畢業之日

修養是人生之大事，所以沒有畢業的止境。不斷地以一切為資料去修煉，予以具體化，所以世間到處都是修養的道場。

修養之內外二方面

而這修養，一方面修得密教精神，且堅實之；一方面將之具體化地表現出來。因此，其修養方法亦隨之分為靜的與動的，亦即是內的、外的之二方面。

內修養法

其內的或云靜的修養法，即一般所謂的「坐禪」。端身正坐，制御五感，調整呼吸。靜思密教精神之真佛或真我為何?心專注一境，坐臥不忘，亦即瑜伽止觀之方法。於密教則圖繪造作種種佛、菩薩像或曼荼羅等，來觀想思念的觀佛法。又以月輪𑖀字等標幟為象徵，以明示其實相之觀法，進而有種種念佛法、供養法、護摩法等，無一不是靜的修養法也。

外修養法

反之外的或動的修養法者，所修得之密教精神將之表現於一事一物之上。於日常之行事中，乃至於灑掃應對等，俱都與之相應，活現密教精神，予以具體化。弘法大師讚揚惠果和尚之行蹟云：「於眠、於醒覺，不離觀智。以此共朝日而驚長眠，與春雷共拔久蟄。」而露其消息者也。

兩種修養法之關係

此二種修養法中，以於一事一物上，具體化地表現密教精神之動的修養法為最理想。但若無從靜的修養法中，充分把握密教精神之堅實行蹟，是無法表現密教精神，而將之具體化的。但若始終僅止於靜的修養法，一點都沒有向外伸展，其悟境再怎麼堅實，亦只是其個人之悟境而已，不能視為自他一如之修養法。然此二種修養法，即如車之兩輪，鳥之兩翼一樣，相扶相助。由此，才能發揮密教精神真正之價值。

修養之身體實義

無論何種動、靜的修養法，吾人身體之責任與意義是極其重大的。身體於密教中並非如他教一樣，看做是臭皮囊，而棄之不顧。是以即事而真，當相即道的立場，把身體視為大日如來之內容或其化身，非善加保重不可。身體雖無自性，不是真我，卻是真我的活動機關，為內外界的媒介之物，深深掘下此物而作靜的修養。離開身體是什麼都做不到，任何靜慮或觀想都不能成立。同時欲在行之世界中開展，把密教精神具體化地表現出來，除通過此身體而活現外，沒有其他方法。因此，對此身體之制御、或統制是極其重要了。

身體是盛納精神之器

從某角度來看，身體是盛裝精神之容器，假如其容器的身體不調整，其內容的精神會自然地動轉、散亂，是當然的事。恰如盛水之容器，搖動容器，其中之水即不得平靜。所以為堅實密教精神之

物心一如之活現

中核的真我，要如何地把握修養？就必須採用調整呼吸，或抑制五感之坐禪式的修養法。

如果一度因此種修養法，而深深地掘下，觸及其心奧底所流着的大生命體之真我實體，體得了其至大至剛之力於一身。同時，為要將此具體化地表現於外界之一事一物上，無論如何，都需要此真我之機關的身體，才能活現物心一如之世界。

自覺與覺他

修行者，都是要依動、靜二種方法去自覺覺他的。若認為自己覺悟了，就算大事已畢，而絲毫沒有化他覺他的心理，或實踐的行為，「自覺」之大事決無法圓滿。因為自他是一體故，即使僅有一人亦要化他覺他，才能充實完成自覺，所以自覺覺他是同時並駕實修的。不空三藏之《菩提心論》云：「勝義心若配於此自覺修養者，其行願心即完全相當於覺他之修養。」

此自覺伸及覺他，覺他伸及自覺，由於此相即相入的關係，始得成為完美之修養。但與其説是完成或成就本然之自己，寧願説是如實地開展發現真我，能夠逐次成就自己創造之聖業。此真我者決非固定之物，是常恆地創造生成之生命體，是時時刻刻都活現於無限之靈體。

把握了真我之當體與之融會合體，一瞬一刻不斷地活現於無限時空，即是密教之「開悟」，亦即是「成佛」。而此「成佛」亦決非固定之物，是常恆創造生成進展的。因此，「成佛」是永遠未完成不究竟的，但從一瞬一刻地充實活現於絕對無限之立場看，當時當處即是完成是究竟了。所以包容了完成與未完成之對立，活現一刹那於永遠者，即是真的我，真佛了。

把握此真佛表現於一事一物上，而將之具體化者乃是動、靜二

個人與集團之修養

種修養。同時以實行此者的立場言：單獨一人可以修行，多數人的集團亦可以修行。自修可以鼓勵他人同修，自他兩利，亦即自覺能覺他了。

第二節　真佛之把握方法

真佛之當體

勿論說得如雲如雨，密教修養最重要目的，就是把握密教精神中核的真佛。換言之，即是如實把握全一之真我當體，而其真我個體是超越對立存在的時空，不斷地活現一切、創造一切之絕對者。所以用普通的方法是無法去體認理會的。

一般之認識

一般之認識論者，都是將真我當體嵌入事物時空之對立中，將其抽象化或各別化，把他和他物比較或對照。這不外是相對性地、局部性地、分析性地明瞭其形體或性質，僅於其事物的表皮面上，外在的、靜的、且機械性的當作死物般去觀察而已。這種認識者、永遠無法同契真佛之本體。

真佛之把握法

那麼用什麼方法，才能把握體驗此真佛的真正自我之真相呢？這決定要遠離了時、空觀念，或其能捉、擬捉的感性，或靜的、抽象的一切思惟概念，而全一地、一如地處理一切。除此神秘的直觀方法外，其他方法均無法窺知真我之姿。

密教之三摩地法

此密教之神秘直觀法，名瑜伽、或三摩地法。若果依之能夠把握到了真我的當體活現，即會體達到全一的宇宙神秘，而可以通此個體之肉身，實現真我之活動，凡人當即成佛。故善無畏三藏說：「唯真言法之中，即身成佛故，說此三摩地法，餘教之中闕書之。」

密教中明示三摩地法

瑜伽法或三摩地法之神秘直觀方法，於形式上而言：與印度之一般宗教有共通之處，未必是密教特有者。但是密教力說此法，且強調其獨特處，乃其內容完全與印度一般宗教有異故也。

密教三摩地法之特質

他教所力說的一般瑜伽法，或三摩地法，均是抑制五感作用，心集中一境的無念、無想狀態。此乃極其消極的，僅止於愛樂空寂的方法而已。反之，密教是積極的而不懼起心動念，以正念、善念去抵擋邪念、妄念。於邪念、妄念之消滅上而言：亦可以說為無念、無想。但於正念、善念上言：即是「正念昂揚」，或云「一念堅持」了。

阿娑頗娜迦三摩地

止於無念、無想之愛樂空寂的一般瑜伽法或三摩地法，密教稱為「阿娑頗娜迦三摩地」（Āsphānaka-samādhi）。即無識身定，或云無動定。依《金剛頂經》言：釋迦牟尼佛經六年苦行後，終入此阿娑頗娜迦三摩地，但未開真悟。當時蒙受秘密佛之警覺開示，修了「一念堅持」積極的有相觀，始得開悟。

不空三藏對此之見解

由不空三藏所說：「漸學大乘，即不止是通途大乘教，小乘教、外道教也都修此阿娑頗娜迦三摩地。其中外道不深，小乘教比較深且以此為究竟。漸學大乘，即為除妄念而入之。但以頓入、頓悟為主旨之密教決不住於此，此定乃至空定，否定一切色塵故也。」依密教的立場而言：一切色塵當體即實相，予以照之活現之，乃密教之所以為密教的特質。怕染色塵，愛樂空定者，完全不知正智之活用。而此輩為數極多，實感痛惜不已。

空定之達摩禪

更於「達摩禪」即以「動念即乖」，或「學道之人若不直下無心，累劫修行，終不成道」。力說心虛，無念、無想之空定。但善無畏三藏即拒斥之：「初學之人，恐多起心動念，絕其進求，專以無念為究竟。但念有善念與不善念二種，不善念當然要除，善念是正法不可滅也。」而誡之。所以密教之瑜伽法、三摩地法與一般不同。

禪宗近代甚有進步，以無邪念為無念，以善念念念相續為歸。但主張「我以無念為宗」誤認心為空寂者，大有人在。其永嘉禪師亦說：「無明實性即佛性，幻化空身即法身。」「冰水本同物，知過必改，善莫大焉。」「不怕念（邪念）起，只怕覺遲。」「念（邪念）起是病，不續是藥。」主張在覺字之上用功，可見其進展之一般了。

心虛之定與心實之定

心虛之無念、無想定之外，力說「一念堅持」之密教瑜伽、三摩地法，必需事理相應，定慧合致才成。善無畏三藏又說：「隨所作皆與三昧（定）相應。如獻花即花與三昧相應，其中本尊（花菩薩）現前明了。若香、燈、塗香、閼伽水等供養，又香與三昧乃至香水與三昧相應，一一之本尊隨而現前。如斯一一緣中，皆入法界門，皆是善知識，旋轉運用與理相應。」此花、香、燈明等「事」

當體視為是生命之存在，「此全一之宇宙法界也、真佛也」。依此而觀正念相續，制御其他邪念、妄念，自然住於一念堅持的一境性之三昧。其正念與三昧相應成為觀智，明白地照了對境，現前生起本尊。如信、進、念、定、慧五根五力，念生定，定生慧相同。

有相觀之由來

無論如何，欲以心實置於一念堅持上，其觀境不得以空寂為對境，當以月、蓮花、或金剛杵等有形事物為對境。換言之，與其無相觀，寧可用有相觀為主故也。

密教之有相觀

此有相觀之形式，於「優婆尼沙土」（Upaniṣad）哲學的光明觀，或原始佛教之十遍處觀，極古就有，非是密教為肇端。但其內容有雲泥之差，不能一概論視。

「優婆尼沙土」哲學，或原始佛教之有相觀，有如催眠術的凝視法。只為集中心於一境之方便，極其素樸，大概適於初機者之前方便。但依密教之事理不二、物心一如之見地，即以其事物當體直即為生命的存在。為全的法身或法界，觀其真我之姿態，此處才能潛入深奧的密教學背景。

事理一如之具體觀

所謂事、理、心、物，乃是暫時將具體的一如加以抽象地分析考慮而已，不是全現實之具體的真相。真現實者，即事、理、物、心之互相關聯結合之一如實存者也。

不空三藏門下，飛錫說此物心一如之旨趣云：「只以心思衣、思食，決不能止飢寒，事物不相應融合之心，何事都不成就。於真言之瑜伽觀，觀心同時不捨因緣事相，六時不廢香華嚴薦，即在此。」

飛錫又以「至人淨心，不以無念、無想為至極，更緣因緣之事相，見其中之法身佛的根據如何？」作問，而答曰：「遍緣六塵、三業，尚起妙願，入佛境界而名一一緣起，悉見不離如來，此是圓見非依眼也。」故《涅槃經》云：「聲聞人雖有天眼還名肉眼；學大乘者雖是肉眼即名佛眼。乃至如大地住於水上，鑿池井得水而用，不鑿不能見得，如斯聖智之境界遍一切法。」而加以強調。

真佛把握之要領

於活生生之動的姿態上，要把握體認真佛的真我之方法。密教用瑜伽三摩地法的直觀，力說於事理不二、物心一如的見地上，以因緣事相為觀境。即所謂積極地「一念堅持」，此乃密教之特質，而與一般不同之處。

第三節　觀佛之修養

瑜珈三摩地之直觀法

於活生生的姿態上，去把握真佛之方法，密教有瑜伽三摩地觀法。其直觀法，即心集中於一境來統一之，為其中核。

心鏡上之念像

念力之三念、六念、十念

如何才能將心集中於一境而統一之？單將妄念或邪念除去是不容易的，即使能將其鎮住，澄水無波如鏡，那也只是心空虛而已。去除心念之無念狀態，又能對社會人類有何貢獻呢？最重要的是心應在其鏡上，映出什麼念的影像。若人於其鏡上，映出草木影像，那只是限於草木價值而已；若映出富貴榮華之影像，亦僅止於富貴榮華之價值。如果心鏡上宿此全一的真我之姿，真佛當體，就能發揮其無限全一的一切力，以真我的全一佛，去活現一切了。

於《俱舍論》來看，由「念力」而心統一生定力，「定力」如實地照見直觀事物生「正慧」。此定慧為體之瑜伽三摩地法，必須以正念為修煉之基。又《阿含經》中「念佛、念法、念僧」之三念加念施、念戒、念天為六念，又加念休息、念安般、念身、念死為十念。由此正念之力，去除種種邪念妄想，遂證得沙門果，至得涅槃。

此三念、六念、十念中，以「念佛」最為基本。此於《般舟三昧經》，或《坐禪三昧經》中力說着。但其念佛是念什麼佛？怎樣思念觀想？於諸經論所說各不相同。

念佛三昧之發展

《阿含經》說：念佛是以念歷史上之釋尊為追想、憶念對象，此即如：如來、應供、正遍知、明行足、佛等十號為主眼。《般舟三昧經》不但力說憶念歷史上之釋尊，亦要思念阿彌陀佛的理想佛以其佛身為黃金色，具三十二相，其一一相具有百福功德，為修此「念佛」，故要塑佛像等等。

佛像之由來

印度佛教初期，為表現已入不滅涅槃之佛的尊貴，若以生滅有限之形像代替，認為是冒瀆聖者故不造佛像。直至乾闥羅（Gandhāra）美術興起，才塑造佛像。因此，《般舟三昧經》直即被引用到念佛三昧上去。

念佛之助道與觀像

為念佛之助道，供養或憶念佛菩薩像，後來益加旺盛。鳩摩羅什所譯之《思惟略要法》云：「人之自信不過於眼、當以好像，觀如真佛。」又東晉佛陀跋陀羅所譯之《觀佛三昧海經》說：「如來滅後，眾生不見佛，因之故作諸惡法，如斯之人當觀像，若觀像者等觀我身（即佛身）無異。」由此可以察知其觀像之一般。

觀佛三昧海經之觀像法

問：「佛滅度後佛不現前，如何觀佛？」答曰：「佛滅後無現前之佛，當觀佛像。」把觀像法，說得極詳細者，即《觀佛三昧海經》，依此經說：自佛像之足指為始，次第仰觀至佛頂上之肉髻為逆觀；由佛之肉髻開始，次第至眉間、鼻、口乃至足指為順觀。依此順、逆二觀，諦取三十二相，八十種好之各相，心注於佛像無餘念，閉目開目常觀此佛之色身現前。如此一像觀了，再觀二像、三

觀佛三昧海經與金剛頂經

像、五像、十像乃至十方到處都有無數佛像，閉目開目此心念，念念不絕，觀至自身前後左右皆充滿佛像。

不止觀想靜坐之佛像，更進而觀想起立行動之佛像。各佛像由眉間放出白毫光，遍十方照一切，同時攝化一切眾生。是「禮一佛，即禮一切佛；思惟一佛，即見一切佛。」的思念者也。

此《觀佛三昧海經》所言，有如《雜華經》（即《華嚴經》）所說，所以此經以《雜華經》為背景是不可否認的。又因等於多依據《華嚴經》之《初會金剛頂經》中的三十七尊，各個放光明示現十方化佛，垂現種種行化後，聚成一體一佛，即一佛即一切佛，一切佛即一佛之廣觀，一佛即一切佛之斂觀一樣。故於形式上看，《金剛頂經》完全與《觀佛三昧海經》同工異曲。

但從精神上或內容看，《金剛頂經》與《觀佛三昧海經》性質

兩經之立場與相異

完全有異，立場亦不同。依《觀佛三昧海經》之觀佛，是以追想憶念歷史上之釋尊為出發點，以釋尊為中心的，不外是次第理想化，並擴充及於一切諸佛，其結果是以釋迦佛為本。但密教之根本經典《金剛頂經》乃以全一（法身）之我為真佛的法身大日如來為觀想對像。由於其根本之法身佛遍照一切、活現一切，創造各式各樣之物，於各種各樣之世界而應現，所以言十方諸佛不外是大日如來之化現而已。故歷史上之釋尊，亦是此法身如來之一變化身而已，從而大日如來是其中心，是法身為本也。

大日經之神變化儀

與《金剛頂經》並為密教兩部大經之一的《大日經》來看，以法身大日如來神變不思議力故，示現種種身，於種種國土行攝化活動，「若有眾生，應以佛而得度者即現佛身，乃至或現聲聞身、或現緣覺身、或現菩薩身、或梵天身、或那羅延、毘沙門身、乃至摩睺羅伽、人非人等身，以各個言音住種種威儀，給予化度之」之說示。

飛錫之念佛觀

立於密教之見地，不空三藏之門下飛錫昂揚「普敬普佛」思想，言現見之一事一物為法身大日如來之顯現，從本質上來看無一不是佛。因此，現在之凡夫亦會成佛，所以一切眾生是未來佛。要如《法華經》中所說之不輕菩薩「不以凡夫而輕視之」才對，「普觀十方尊，同念三世佛」而強調此廣泛的念佛觀。

我即法身觀

凡一切皆是佛故，不得輕視此肉體為中心之自己，自以為是凡夫或無價值之人。自己生於此，依此而活現，以此肉體為中心之場，全一之真我不斷地一剎那、一剎那活現於無限永遠故，自己是全一真我之一面，亦是法身佛之活動體。一事一物都是以各個之立場而活現於全一之真我，無一不是法身佛者也。

佛與佛之協同社會

依此把所有一切物視為佛，以奉事、供養的心，去處理一切，此處才能現出佛世界的協同一如之社會。飛錫力說：「必不心前立凡境，或自身為本尊想，此瑜伽真言之深妙觀門也。」和此亦是同一旨趣。

曼荼羅世界之顯示

若把握此密教精神活現真我的話，宇宙一事一物無一物不是佛。同時此事事物物之世界，當體即是佛與佛所創造莊嚴之曼荼羅世界。使此曼荼羅世界之事事物物展開的全一之法身佛妙用，以阿閦如來或寶生如來乃至諸尊菩薩、天等來表現，將此示之於形像上。不只以和一般人一樣之二臂二足來形容，也以三面六臂，或十一面四臂，或四十面千臂等特殊之形相來表示，此乃象徵法身佛之各方面的各個活動者也。

其「遍滿虛空的一切如來，具諸相好皆入於法界定」，又「自

密教之觀佛實相

身住於佛海會之中」等密教之觀佛，是體認十方到處皆佛。自己自身亦是佛而住於佛與佛之中，剎那剎那地活現於永遠，各個地直接參與全一之創造及建設。由於思念此等，就能自覺體會真我之謂何物，此即是密教的特質。

第四節　觀法之修養

觀法的必要

要體認到宇宙處處皆是真佛，經由思念觀想此事，以如實修養密教精神當然是必要。但恐誤認佛是肉身的或只限於人類，為此，鳩摩羅什所譯之《思惟要略法》中力說：「不止要思念三十二相、八十種好之佛，進而要觀其法身。」又曰：「直以生身而觀內之法身，即十力、四無所畏、大慈大悲、無量善業。如人先念金瓶，後觀瓶內之摩尼寶珠。」又龍樹之《十住毘婆娑論》說：「諸佛乃法身，但非肉體。」或「不唯以色身觀佛，當以法觀之」等之指示。

法身之功德法與實施與實相法

此處言法或法身是指五分法身，或十八不共法，或四十不共法等佛所具之功德法。但為不拘執於佛之功德法起見，要觀修諸法之實相。《十住毘婆娑論》又說及佛之生身觀和法身觀與實相觀的觀佛三階段，云：「新發意菩薩直即觀三十二相、八十種好念佛，如前所說。若轉深入得中勢力，即以法身念佛。若心轉深入得上勢力，即以實相念佛不可貪著。」

教法法身與真如法身

然此法身思想漸次進展，教法法身不知不覺遂成為本體常住法身、真淨法界，或云諸法所依的法性等，當體就是法身。法身與諸法實相完全成為同一物，這諸法實相觀，當體即是法身觀。

密教之法身觀

密教之法身觀，其法身與一般大乘教等相同，可以把它稱為真淨法界，或真如法性。不過決不視其為固定性的、靜止性的東西，是指恆常的照一切、活現一切、創造一切之全一的宇宙生命體，此乃常在生成活動之靈體、聖其物者。此可以在「人格」上去把握，又可從超越人、法、一切對立之絕對無限的「法格」去考察，此即是密教之人、法、一體觀之立場。

依人法一體

觀佛與觀法

住此立場觀佛，同時力說種種觀法，依此種種觀法磨練自心修養。而此觀法並非抽象地觀諸法性或其理體之思念，而是以具體之事物為其象徵觀境，觀想此，思念此，即其特質。但並非「人之自信者不過於眼」的便宜主義而已，是要將基於事理不二、物心一如的密教教義之結果，深思了解才成。

然以什麼事物來象徵？以什麼方法來「觀」才能符合呢？舉其主要者即如：月輪觀、阿字觀、種字觀、字輪觀、三形觀、種三尊觀等皆是。

月輪觀者，即以月輪象徵皎潔明朗之心性，以此為觀想思念之對象的觀法。雖言宇宙存在之一事一物，皆是全一之真我或云全一生命體之出現，但親證直感此者，即在於自己開扉的純淨心上。人若妄念垢穢之念頭淨止，心住於至淨之一境，就會感得此真我之真相的大生命脈動。

徹悟此純一無雜的心之本性，名曰：菩提心（淨悟之心）。為觀此淨菩提心之本性，以月輪之形為觀境而觀之，即是月輪觀。為何將月輪來象徵此自心之本性的淨菩提心呢？其淨菩提心是離了貪欲之垢而清淨的；且去了瞋恚熱惱而清涼的；除去了愚癡之暗而明朗的。恰如具有清淨、清涼、光明意義的月輪一樣故也。《金剛頂經》云：「見我自心形如月輪。」所以取之。

依善無畏三藏之《無畏禪要》說明此月輪觀之要領，即：描如

月輪觀之方法

圓明之心月以為本尊，心專注於此月輪。其坐法即正身端坐於本尊之正面，約四尺處；以右掌加置左掌上，仰置於膝上靠近腹處，二拇指相柱；身前後左右三度搖動令不凝滯；目半閉以兩瞳視鼻端，舌抵上腭，腰直以助脈道之流暢；肩舒喉結，足跏趺，坐法已定。次調息，吸氣內心導引流入全身支節筋脈；次觀徐徐由口而出，其色白如雪且潤澤如乳，以呼出之氣充滿遠近。由此而再吸再呼，心置下腹，如是循環調氣，令其不粗，以待身心安靜，然後始觀本尊之月輪。

此法始初，於面前離身一肘或四尺許之處，不高不低處懸掛約一肘（約一尺六寸）量之圓明九輪（以紙描畫之）。將此月輪觀如空中月輪一樣明亮與自身胸中如八寸許之月輪相融，次將心月輪擴大至四尺、五尺、乃至遍全宇宙。只見光明不見月形，月、心與宇宙成為一體。體驗此明朗無念絕妙的世界之後，再將其全宇宙之心月，次第縮少與原來相同而後出觀，此乃月輪觀法。

阿字觀之意義與內容

次有𑖀（阿）字觀，其坐法及調息法或廣觀、斂觀之方法完全與月輪觀無異，但是不只觀月輪而已，於月輪中再書一𑖀字，以作本尊觀想。此𑖀字是取「不生」之意義的梵音之首位字母而來的，以此表示不生不滅之諸法實相的全一真我之當體。依觀此象徵全一我當體之𑖀字，亦容易進入密教之境域，又依此也可即身成佛。故善無畏三藏說：「初依佛教發心者𑖀字也，後即身成佛與佛相等此𑖀字也。」

種字觀與字輪觀

與𑖀字觀一樣，以象徵諸尊各個之體驗內容的種字，如𑖮𑖳𑖽（憾）字、或𑖪𑖽（鍐）字等，觀此種字以徹底體驗此尊之內容的觀法名種字觀。或以種字排作輪形連鎖的順逆作觀者，即名字輪

三形觀之意義與內容

觀。如用以象徵一切如來之體驗之五義，𑖀（阿）𑖪（嚩）𑖨（羅）𑖮（訶）𑖏（佉）五字。以之配中、東、南、西、北，順序排列來作順逆觀。以𑖀字本不生不可得故，𑖪字離言說不可得；𑖪字離言說不可得故，𑖨字塵垢不可得；𑖨字塵垢不可得故，𑖮字因業不可得；𑖮字因業不可得故，𑖏字等虛空不可得，依次順觀。次觀𑖏字等虛空不可得故，𑖮字因業不可得；𑖮字因業不可得故，𑖨字塵垢不可得；𑖨字塵垢不可得故，𑖪字言說不可得；𑖪字言說不可得故，𑖀字本不生不可得，依次逆觀。

不但以此等種字作觀，也以金剛杵、劍或蓮花等等特殊之事物，象徵諸尊各個之體驗內容的三昧耶形來觀想。例如：以劍表示文殊菩薩之智慧體驗；以合蓮花表示觀自在菩薩之妙觀察智等等皆是。依此等各個的三昧耶形為觀境，由此觀想思念其諸尊之體驗內容的修養法，稱為三昧耶形觀，普通略稱三形觀。

法身佛法之表現與人之表現

然密教是以人、法一體為立場故，以此等文字事物來象徵之觀法，或以形像的觀佛，結果是一樣的。此密教之佛是法身佛，不是歷史上的佛；是生命體的諸法實相當體予以種種人格化，或擬人化而已。

此密教之法身佛以象徵來表示的話，有以文字（種字）、金剛杵和蓮花等三昧耶形，或以三十二相、八十種好之相好莊嚴具足之人體像來表示。其中前二者是法身佛之法的表徵，後者完全是人的表現。其《大日經・本尊三昧品》說：「有字、印、形（人體）等三種本尊。」

本尊與轉成法

本尊是指聖之物的禮拜修法之對象。但從根本來說：如《秘藏記》說：此乃表示最尊，最勝而照育一切、活現一切的本來清淨之聖的生命體。因為本尊有字、印、形三種故，要觀此之時，如經中說：「𑖀字轉成大日。」先以種字觀作本尊，後以種字再變成形像的觀想法。亦有以象徵菩提心的月輪，觀想於行者面前，然後於其圓明月輪中，現出相好莊嚴具足之尊容的尊形觀。

此由種字而尊形，或由三昧耶形而轉觀尊形之轉觀法，名轉成法，或名轉字瑜伽。即是盡其本尊觀之各方面的轉修觀法。

轉成法之五相成身觀

如五相成身觀中之通達菩提心與修菩提心，作二種之月輪觀。次成金剛心與證金剛身，又作二樣之金剛杵觀。最後之「佛身圓滿」修三十二相、八十種好之尊形觀。由月輪與金剛杵之三昧耶形，清楚地觀修法格的本尊觀後，一轉而觀相好莊嚴具足之本尊。

種三尊觀之由來

依唐智通譯之《觀自在菩薩怛縛多唎隨心陀羅尼經》說：「初觀種子之本尊，次三昧耶形本尊觀，最後轉修形像之本尊觀。普通名曰種三尊觀，一度行法之本尊觀大概都取此樣式。由種字，而三尊形為次第者，為由淺入深，由粗入細，隨修觀之順序而作的。善無畏三藏說：「即是行之次第也，觀持真言時，先觀字；次觀聲音，漸細也；次觀印、形（三形）與尊形又細也。」

要之，密教之觀法是人、法一如為立場故，觀法當即觀佛。從此法與人兩方面之觀修上，以文字或事物來象徵的觀法，以表現相好具足之人的觀佛，乃為併修課程。其結果成立了五相成身觀；或種三尊觀之轉成法；或轉字瑜伽法了。無論怎樣，都是依此思念觀想，來體認：「如實之真我當體的全一生命體法身佛，其整個全一，照樣地以全一中之各個事物為立場，各個地活現絕對，其一事一物以宇宙一切為前景背景。『一即一切』，所有過去及未來，又都集於現在一瞬之中的『一刹那即永遠』。」亦即是明白由各個之立場，各自充實此宇宙，莊嚴其內容之真相而已。

第五節　念誦法之修養

佛名念誦之由來

把聖的生命體之法身佛當作法或人來種種地思念、觀想的熱情漸漸旺盛，急欲以言語或身體來表達，這是極自然的現狀。以歷史上之釋尊來說，人們為尊重而皈依，為憶念而稱南無佛，此也是自然之趨勢了。

佛名念誦之功德

《增一阿含經》說：「稱南無佛，釋師是最勝者也，彼能施安穩，除去諸苦惱。」都是說明念誦佛名之理由。

因此，當大乘佛教興起，出現了種種菩薩，為禮拜此等菩薩即慫慂了唱稱其尊的名號。結果出現《法華經‧普門品》之「若受持觀自在菩薩之名號，沒入大火，火不能燒，此菩薩之威神力故，若為大水所漂、稱其名號即得淺處」等思想。又《觀無量壽經》也有「十念具足稱南無阿彌陀佛，稱此佛名故，念念之中，除八十億之生死重罪，乃至得往生極樂世界」等等思想。

特別以唱念阿彌陀佛名號，為往生之正因、正行。經唐朝之善導極力鼓吹而非常盛行，其影響所及，日本亦隨之開創了稱名念佛為基調之淨土教。從「念聲是一」之立場來提唱稱名念佛了。

稱名念佛與真言念誦

此稱名念佛與真言念誦有點相似。於密教之真言陀羅尼中有「唵為寶生」，或「唵為彌勒」，或「唵為火天」等。此等單只表示佛、菩薩、天等之名號的念誦，皆可以看做是稱名念佛。

又淨土法門之稱名念佛，是念聲互相融合，不思考所念者是什麼意義，而只連續地去唱念。依此，心自然能統一平靜、離去所有分別、反省之垢穢，浸入一種獨特之神秘感。在此種心理的基礎上，才成立了稱名念佛之法門。真言陀羅尼中，亦有以無義為義的念誦法，這些不外是為要統一心神，體驗一種神秘感的方法而已。假使真言陀羅尼具有意義亦不去解釋，只令反覆口誦，其結果完全與淨土教之稱名念佛境地相同。因此，一般顯教中，於真言為五不翻之一。

純正密教之念誦

但是於正純密教之立場，念誦真言陀羅尼不單是浸入其神秘感為目的，必依此來發現生命體之法身佛是全一之物。同時顯現於各個之上，不斷地生成。無論哪個都活現剎那於永遠之境地，正純密教念誦是為此思念觀想之目的來設的。因此，正純密教之真言陀羅尼之念誦，與其說誦持於口，寧願說其重點是念持於心。

口誦與念誦

正純密教中之念誦法，亦有傳承雜部密教中的形式。於念誦上也有音聲念誦、聲生念誦等聲發於外之誦法。又有如修降魔念誦一樣大聲念誦者。但真正意味着密教獨特念誦法，即如金剛念誦，或蓮花念誦，或三摩地念誦。雖言是以口念誦，但以心耳能聞程度為目標，以肉耳聞不到的念誦法為正。

今依《大日經》中之金剛念誦，或蓮花念誦，或三摩地念誦為基本之密教的獨特念誦法，「心想念誦」，或「意支念誦」來概說之：此恰如天台大師將自信奉之空、假、中之三諦妙理，應用於觀心誦經之上，編成「觀心誦經法」一樣。此密教獨特之念誦，亦與其法身觀應用於古來之真言念誦上。依此來自由體認得到其法身妙用，亦即要體證此生命體之法身佛，通過一切物而活現一切物，同時亦感通生動於吾人之身心中，經由與法身佛融會合一之處，才能不斷地伸及一切，入浸一切，活現一切。此種旨趣已表示於真言陀羅尼，同時予以思念觀想之。以心耳能聞之程度口誦之，此即所謂

於心想念誦之對立念誦與絕對念誦

對立念誦之字念誦

心想念誦。

修習心想念誦法時，將法身佛姑且看做是有形的對立，而以形像表示之，且置於行者面前。於對立在行者面前之法身形像和行者之間，為實現互相地交涉感應之不可思議境的念誦為世間念誦，即是對立念誦。不以法身佛為有形的對立，而以行者自身為法身佛當體的全一；除此外宇宙間無一存在，所有存在物即自己法身佛之內容；將自己住於宇宙全一的法身佛境地，思念真言陀羅尼之實義的念誦，為出世間念誦法、亦即是絕對念誦。

上所言之佛、凡對立之世間念誦者：先觀現前有本尊；本尊心上有月輪；觀月輪上有真言字，其字明明了了。觀其色恰如淳淨白乳或明珠透明，一一放光明，次第流注行者頭頂而入，遍及全身，淨除無始以來之身心垢障，觀此名為「字念誦」。

聲念誦

如上述，觀真言字明明了了後，次即觀此真言字字發聲微妙如風振金鈴，微微有聲，點點循環相續無間絕。此徹入身中如涼風除去熱惱，感覺清涼爽快，此即名「聲念誦」。

句念誦

其炳現之真言字字集中成句，至已發微妙聲音，其一一聲音集成語句，此即觀真言詮顯實義。此真言語句實義集成完整之一真言，同時其當體即法身佛之全身。恰如一一相好，一一福德集聚而成的色身佛身形一樣，此真言句之實義集聚即智身，同時亦構成法身佛之全身。具備此形色、聲音與實義之真言觀名「句念誦」。

命息念誦

修觀此句念誦後，行者再修出入息觀。隨氣息出入以觀真言之一一字句。由行者口所出之一一真言字句，隨氣息入於本尊臍輪至心月輪，右旋列住。同時又由本尊之口出，入於行者頂至於心月輪右旋列住，如此循環綿綿脈脈如水流不斷，此名「命息念誦」。

對立念誦與洛叉

現世利益之成否與洛叉之意義

以上字、聲、句、命息四種念誦極深妙，但以本尊與行者對立為基本故名世間念誦。依此方法而念誦一洛叉即十萬反，三洛叉即三十萬反，五洛叉即五十萬反，十洛叉即百萬反等多數目的反覆念誦。依此能得世間悉地，即除災招福等世間願望，種種滿願成就。

但是實際上，世間悉地之成就否，與行者之精神力，或前生之宿植因緣關係甚大，並非依誦真言之遍數多少而定的。《大日經・世、出世持誦品》等言：「真言之數為三洛叉，一般我說此，即是對於離有身之罪完全清淨之真言行者以示念誦之數，非為對他之說。」又善無畏三藏說：此意味十萬遍的梵語「洛叉」（laksa）者以「見」義解釋之：「所謂一洛叉者實乃隱語也，梵音實有別意，即是『一見』之義。心住於此境，一緣不亂，字字相應，句句相應乃至一緣一動無取捨，故名住於一見。如不如此，經百年誦念滿千萬洛叉尚不得成就，況乎一洛叉呢！」於此可見密教念誦特殊之處。

絕對念誦與密教體驗

超越此世間念誦之能所、對立，自身住於本尊瑜伽，以宇宙遍滿之全一本尊當體，表現於行者全身，具足三十二相、八十種好。口所出之真言實義表現本來不生之全一實相，內外一切諸法，無一不是本不生之實相。自身本尊亦是本來不生實相之當體，這種觀法名「絕對念誦」，又名「出世間念誦」。依此念誦故，假如念誦真言遍數不多，供養資具不全，亦會速成出世間體驗，悉地圓滿成就。

密教念誦目標

密教念誦亦有如稱名念佛一般，可以止散亂心於佛名之上。但是密教念誦的目標是統一心神，發出觀智，體認全一之真我為目的。為導入宗教之出世間念誦起見，所謂出世間念誦為基礎，包容攝取了現世利益之種種世間念誦，以其立場，而予以種種意義者也。

第六節　供養法之修養

供養之意義

供養梵語名「布惹」（Pūja），是從有「崇敬」之義的動詞（Pūj）成立的名詞，以「崇敬」為其本義。因崇敬才以香花、飯食、衣服等資具供給佛、菩薩等尊聖，故名「供養」。如有種種物資供給資養聖者，必要有恭敬之念才行。

對釋尊之四事供養

依釋尊來說，從尊敬此佛的「歸依一念」起，其信者即以衣服、臥具、飲食、醫藥等行四事供養。依此來表達信佛、歸依佛之「誠」心。此如於福田種下善根一樣，能培養未來之無量無邊功德，為此，各信者爭相去行供養的善事。

釋尊對於迎請供養

信者不只以各種供養物運送到佛的住處；信者亦潔淨住居迎請佛到其家中，衷心地供養齋食，這種迎請釋尊供養的風氣很盛行。因此灑掃住宅莊嚴內外，對於奉佛不得不敬之觀念上，顯得非常用心的樣子。

《佛本行集經》等有說：「時其村人，於自家中，其夜，辦具種種美食或甘味。辦具已，翌日旦起掃除地面清淨，香泥塗地，其上重灑妙香水，又散種種雜妙好花敷置床座。即遣使人，往白佛言，如來若知至時節，願赴我家。」可見其情況了。

佛滅後之塔供養

佛滅後不能親承佛之音容，遂運「誠」供養。為安慰自心，於奉安舍利之塔廟前，供養種種物資，用以表達至誠之皈依。這種塔供養蔚為風氣，大為流行起來。

而以後，塔供養之思想漸有改變。如法藏部「於窣覩婆興供養

塔供養之有無功德

業，獲得廣大之果」的肯定塔供養功德。但制多山部，或西山住部，或北山住部云「於窣覩婆興供養業不得大果」之否定思想。「以形式供養不如活現佛之精神，依佛之教法如實修行、體驗、宣揚，即是真對佛供養」的思想亦抬頭起來。

法供養之思想

即如《大般若經》等說：「天王當知，欲供養諸佛世尊當修三種法：（一）發菩提心。（二）護持正法。（三）如教修行。天王當知，若能修學如是法，乃得名真供養佛。」又《十住毘婆娑論》說：「若人以香花四事供養佛，不名供養佛；若能一心不放逸，親近修習聖道，此名恭敬供養諸佛。」由此可見，法供養思想興起之一般。

密教之法供養

上述，乃以歷史上之化身佛陀為基本而說的。然不以化身佛而以全一動的法身佛為根本之密教來說，卻與上述所謂法供養，或事物供養其趣有異。一般所説，只是一花、一香，即是因緣所生之有限的一事、一物而已。但於密教卻予以精神化、無限化，各個都是宇宙之縮寫的一花、一香了。

密教之供養雲海思想

以密教之供養雲海思想來看，因為根本佛之大日如來恰如太陽，無論正者或不正者，皆不惜其生命之光，平等地普照哺育。一花一香無非妙諦，以至微塵之末，都滲透了其生命之光及其無限的功德。當體即是無限，都是全一，都是遍法界。以此遍法界之一花、一香，供養遍法界之法身佛。此供養之事物與被供養之佛，俱是宇宙之絕對體、絕能所之供養雲海。

事理一如之遍法界供養

此遍法界的宇宙全一之法身佛，分開即成為無量無邊之一切如來。遍法界之實相的一花、一香，當體即無量無數之香花供養故，即成無量無數之香、花供具，供養各個遍法界之一切如來了。「我今所獻諸供具，一一諸塵皆實相；實相普遍諸法界，法界即此諸妙供；供養自他四法身，三世普供養常恆，不受而受哀愍受」。五供養偈即此意也。

密教之迎請供養

密教是把一事一物無限化、絕對化，以事理一如為當體。故專以法供養為真實，否拒香、花等事物的無意義供養。於密教精神上言，什麼都是真實的、有意義的。所以密教供養法有事供養法，同時也有理供養法。於法身佛供養法裏，則與擬供養歷史上之釋尊一樣，是把信者迎請佛到住居來供養之形式，加以組織而成的供養法。

十八道立之供養法

此如十八道所立之供養法，就是以偈頌所表現之法則：「身五、界二、道場二、請三、結三、供養三。」其中「身五」者，當迎請佛饗應前，主人先準備潔治自身之五作法。「界二、道場二」

者，即施敷特設迎請佛之客座，道場莊嚴等四作法。迎請佛之準備已經就緒，為迎請佛而遣送車輅，請佛乘此至道場，此處有導至道場中之三作法即「請三」。此附着警護，以防不敬漢之侵入之三作法「結三」。正要供養佛之三作法則「供養三」。

就迎請佛而言，其佛不是歷史上之佛，而是法身佛故，不能以人間視以為然的物質饗應看待。是以精神上的去供養十方周遍的佛，所以其作法手結印，口誦真言，這不外是以精神上的觀念去供養。主人要先潔治自身而手結手印，口誦真言，觀念五分法身，或三部之加持、被如來大誓鎧等去除假我、肉體我之迷執，自己體認法身生命，衷心地肯定。以自身肯定之精神去迎請同一體性之法身佛，佛與佛之交際下互相感通之處，才有供養法之修養的成立。

而迎請佛來饗應之供物，依經軌之不同而有異。但大概都用閼伽、塗香、華鬘、燒香、飯食、燈明等六種。此六種供具依世間一般之意義上來說即：閼伽是用來洗貴賓之足的水；塗香是《大智度論》說「天竺國熱，身臭故，以香塗身」之習俗而來；花鬘、燒香或飯食等是令視覺、嗅覺或味覺感怡適者。然以密教精神來看，閼伽是洗淨煩惱罪垢；塗香是磨瑩五分法身；花鬘是以萬行之花莊嚴其身；燒香是遍至法界不能阻撓；飯食是極無比味之禪悅食，法喜食；燈明是取如來智光能照遍世間幽暗之深意。

以此精神化之六種供具，虔敬供養遍法界之一切如來，由於此種虔敬供養的觀智之凝聚，而超越了個我中心之迷界。存在於天地間之一事一物，悉以全宇宙為背景，互相地交涉關聯各個地活現於全一。思念修養這種境地，即是六種供養的思念修法。

不只以此等供物供養而已，還有攝取印度之以供物投入火中

密教之護摩供養

密教之供養與修養

燒，由火神之媒介傳達於聖者的燒供法，將之淨化、精神化為護摩法，此亦即是密教獨特之法。從外相看來，以物投入火中燃燒，似乎同於外道之護摩。然此雖和外道形式相同，但予以密教化的護摩之火直即是如來之智火；妒之全體即如來之身；妒口是如來之口。如來之身、口、意，即行者之身、口、意，以此三平等觀之實修，而充實密教精神之處、即是密教護摩特質的發揮。

由此來看，其供養用火為媒介與否不談。然於密教，以事、理不二、物、心一如為立場故，所捧之一花一香當體即是貫天地之生命體。供養之供具或所供之佛同時也都是全一絕對之物。

心前勿立凡境、而於佛與佛之間，互相交涉關聯的氛圍氣中，互相供養的境地裏去修養體驗，就是密教供養法之旨趣。

宗教儀禮之意義

由個人佛至社會佛

第七節　法會儀式之修養

坐於佛堂深處，念佛觀法，經由念誦法或修供養法以自淨修行，對於修養過程而言，是極其重要的。可是僅止於此，非修養之全部。人生活於社會，是社會的一員，是全宇宙之一環。從活現之連帶關係上看，內的自修外，同時需要向外表現它，導化他人，同化他人。客觀地具體地去伸展自己，若如此，所有宗教之種種儀禮和法會才有存在意義。

釋尊若果僅止於自悟而未向外去表現，廣以度化，其仍是一位獨覺而已，決不能成為自覺、覺他、覺行圓滿的佛陀。然而，釋尊不自私閉籠自己的體驗，還廣而外地伸展此體驗，組織教團。籍此教育了許多弟子，於各地各處，為教化一切人而忙碌，把握當時的人心而活現，由個人性的佛陀，展現成為社會性的、世界性的大佛陀。

釋尊之說法化儀

釋尊向外伸展之說法化儀，若說未及後來所加以整理的完備，則未必如此。以當欲「說法」時，先讚嘆三寶功德，次燒香、散花等之外儀作法言，在《佛本行集經》之《說法儀式品》，或《撰集百緣經》之《受報應供養品》等已可窺見。

化儀會式是心與心之相繫紐帶

無論怎樣，此外的表現之化儀法會，自然成為眾人之心與心相繫之紐帶。依此，大眾相會於一堂，萬眾一心向佛，彼此互相磨瑩修行。恰如很多之芋共傾入一桶，將之搖動互磨互洗，其相觸之間，自洗而洗他，自他同時地洗淨一樣。

佛之入涅槃與會式

如此法會儀式，可以支配群集之心理，對於修養上具有很大之功效，所以重視此種儀式是自然之趨勢。佛入滅之當時，荼毘儀式、或分割舍利之儀式已經整備。造塔供養之儀式、或報謝佛恩之儀式或其他種種樣樣之式典亦已構成。（※註：會式乃法會儀式之稱，以下均簡稱會式）

印度之行像會式

公元五世紀初，法顯旅行印度，於中印度摩揭提國親自看到行像之會式。於其傳記記載：「每年常於建卯之月八日行像，造四輪之車，縛竹成五層，有承櫨或揠戟，高約二丈，其狀如塔，纏以白氎。然後彩畫諸天形像，以金銀琉璃莊校其上，懸繒幡蓋，四邊作龕。其中皆有坐佛，菩薩侍立，有二十車，車車莊嚴各異。當此之日，境內道俗皆集，唱伎作樂，供養花香，婆羅門子亦來請佛。佛次第入城，入城內再宿，通夜燃燈，伎樂供養，各國皆然。」日本之祭禮即舁神輿與神宿御旅所相似。由這些祭典盛況，對於會式之重視可以思過半矣。

印度之灌沐會式

因為印度是熱帶地區，所以於佛之禮拜供養，亦從其風習，盛大舉行灌沐會式的樣子。依義淨所說：「於印度諸寺，常於禺中（午前十時頃）之時，舉行灌沐尊儀。授事者鳴健椎（槌），寺庭張施寶蓋，殿側羅列香瓶。取金、銀、銅、石之像，置於銅、金、石、木之盤，某處諸妓女奏音樂，以香塗抹，灌以香水。次以淨白氎揩拭之，然後妥置殿中，布諸華綵。」日本之佛生會或大師降誕會式等或可溯源於此。中國之浴佛會是於花亭裏置一金銅盤，中安置誕生佛。用杓掬甘草香水灌沐佛像，其壇前莊嚴樣式並無一定形式。

密教之灌頂會式

以密教特有之會式來說：以象徵密教精神當體具體化之三昧耶戒或灌頂儀式，不但均依《陀羅尼集經》或《金剛頂略出經》等所言詳細之堂內儀式。連灌頂之大阿闍梨前後左右十大弟子，或受者、奏樂師等隨伴下行，進堂前之庭儀作法等，也都已整備得莊嚴

會式之變遷推移

曼荼羅供與付法要之會式

隆重了。

這等儀式作法是一種社會性的慣例行事，所以依其時代、環境，非順應不可。印度佛教傳播於國情不同的中國或日本，其法會儀式已有許多的變遷。善無畏三藏或金剛智、不空等以密教之立場，為廣大教化民眾，不斷舉行灌頂傳法，其儀式可能與印度風格不同。以日本來看，其庭儀作法並非《陀羅尼集經》所說之法式。如堂內之作法，結緣灌頂之乞戒導師的作法；或高野山學修灌頂之誦經導師的讀諷誦文、唱「教化」等，古時並沒有此等法儀，這完全是平安朝中期以後創作的。

現在於日本所舉行之密教法會儀式中，有灌頂時之「庭中儀式」當體流用之曼荼羅供與按照佛說法之化儀，初以梵唄或散花等行事之「附法要會式」等。

誦經中心與講式中心之法會

其「附法要會式」者，先唱梵唄讚嘆佛德，由散花供養以表虔誠後，有以誦讀經典為中心者，或有以講式之諷唱為主者。前者例如理趣三昧會，或土砂加持會等；後者例如大師降誕會，或舉行不動講，愛染講等是也。

但是，此種種之儀式法會，皆是日本後來所構成的。如《理趣經》之《中曲》即廣澤流之寬朝所製作；如《講式》大概是平安朝中期以後至鎌倉時代，因禪、淨土等之新興宗教所刺激的成果。

淡路之巡遷辯天

又有極民眾性的局限於某一地方的密教會式。即如淡路島之巡遷辯才天「行事」（※行事乃慣例舉行之會式）。此行事是於一年間，在某一會所奉祀供養辯才天，讓島民盡了恭敬之誠後，再遷至另一會所。如是一處遷過一處，巡迴遷移，其巡遷時數百的信徒均着白色裝束擁護奉送辯才天。奉迎者先接為快以盡虔誠，奉送者常

西大寺之會陽

在珍惜不捨的心理下不欲移接，時有為送迎而起了爭執。此辯才天是畫像，所以由精進潔齋之白裝束信徒背負，不乘車輅行進。有如中國神廟之出巡行列，迎神賽會一樣熱鬧非凡，這種會式大概是淵源於遠古的印度行像會。

又日本備前之西大寺的獨特會式，所奉行之會陽（榮耀），自正月一日起經二七日間，寺僧沐浴齋戒修法。所修法之神木，當其結願之日投與賽者，為得此神木，數千力壯者裸體浴入河水互相競奪，頗呈奇觀。此神木加持之修法大概基於《烏杷瑟摩明王經》中所示「以莽度伽木刻神印，將之於酥密中燒之，以此印印山，山即碎，印海，海即竭」的思想而來的。

此於中國亦有類似之法會，如七月為鬼月，舉行搶孤法會，競奪幾丈高孤台上之祭物及所插之神旗。取回此旗立於家中，諸魔鬼悉不敢近的思想相似。

以上只是略舉一二而已，類似此等者各地都有。但是其目的本來是為集聚人眾，令其團結和好以開善的心扉。以其會式為中心，製造心與心融合的氛圍氣。最少於此氛圍氣中各個離卻邪念妄想心，而將慾念純真淨化。在這樣清朗氣氛中，能夠成為真善美之生活，脫出小我之殼，活現全一之真我。各種會式本都是為此目的一種修養手段而已。

會式與心之融合氣氛

此等會式若要加強其功能，即需改變其已經形式化、硬化之過去會式。把握現在人心之所需，以能吸引人心靈的施設，整理過去的，更而將之創新。變過去之靜的且陰鬱的會式，為現代的動的適應潮流之儀式。且在朗朗的輪廓下，考察能表現密教精神之各儀式作法。依此導化他人修養自己，自覺覺他，使自他成為一體一團，

會式與時代性

該是目前之任務了。

第八節　日常行事之修養

無論什麼「觀佛」、「觀法」或其他所有的法會儀式等，這些都是已被整理成有一定形式的密教修養方法。「整備」其形式是必要的，但是過於拘泥形式，會使其內容之生命或精神硬化、形骸化，違反本來之修養目的。所以形式之修養，必需充實其精神，是不可或忘的。同時，另一方面，亦需要超越此一定形式，處處流動於日常生活中，去活現密教精神修養鍛煉才成。

於我們日常生活中，早上起床、洗面刷牙，灑掃吃飯，及應物接對等都依本來習性而為，一日復日，於無意識中過生活。為能活現密教精神，所有行者必需對日常生活中之行為，予以再反省、檢討，透過此去開啟心眼，才能過有意義的生活。

日常行事之全體性

經反省檢討，卒爾認為早上起床之洗漱、清掃，或其他萬般事項，去作與否，是自己的自由而與他人沒有什麼關係。但是深思省察之，能得有今日之所為者，即是所有時間及空間的一切因緣力，縱橫無盡地交織着所致，其結果是一大事因緣所使然。以密教的立場來說，即一切都是全一生命體之力的法身佛所賜。祂是一切之根源，是原動力，我們應該於一切生活中，常感謝法身大日如來之恩惠，若無祂，我們或一切都無法生存的。

人生之意義

人們不是為食而生存的，是為生存而食的。那麼為什麼而生存呢？此即是以此肉身為立腳地，去充實全一之真我內容，活現秘密莊嚴之活動為其意義。

受食五觀

為此不可或忘食之目的，所以受用一碗飯食，亦要如「食存五觀」教門「（一）計功多少量彼來處。（二）忖己之德行全闕應供」等來思念，我們為法身佛之大業的秘密莊嚴活動，加以反省，參與活動所貢獻之功績多小；又思考所供給之一碗米飯，及至一粒米，須經過多少人的血汗，及天地合力的賜與。自己是否具有資格領受？是否有德行的計量與反省；由此，自然會覺醒本心，身心才會得到清淨。

施身方便

《大日經》所說之「施身方便」，即舉薦淨了身業、口業、意業等一切而奉獻「十方一切如來」。此身、口、意三業，原是綜合代表十方一切諸佛的全一法身佛之「賜物」，我們以為是自己之物，其實是大日法身佛之「寄存物」者。

施身之戒行

因此，莫將這身、口、意業認為是己有而亂使用，應為奉獻法身佛的秘密莊嚴聖業才能動用的。《大日經》以此為戒行：「何為戒？觀察之，即捨自身奉獻諸佛、菩薩也。何以故？若捨自身即為捨三事，何為三：曰身、口、意也。」

參與法身之聖業

日常行事除此身、口、意外，別無其他了。所謂身、口、意三業奉獻諸佛者，即是將日常之行事予以淨化之，再認識之，而在參與法身佛之聖業的精神下去行事活動。

此處之小我脫落

為此，首先非從以肉體我為基本的小我見地中脫離不可，從小我之脫落上來說，即是捨身行。於此《金光明經》說：「雪山童子為聞一句法門投身餵虎。」《法華經》說：「一切眾生喜見菩薩，為完成誠實之願燒身供佛。」即是去小我完成大我之寫照。

捨身行之歪曲

雖言捨身，卻不是徒毀身體的意思。是因此而能求得一句法門完成大願，心靈活於永遠之處乃是價值所在。

世人為戀、為財、為名譽，而犧牲身命者實不少，這些決非是

捨身行與忠誠報國

有意義之捨身真精神的發揮者。這裏所謂捨身行，即是奉獻給全一的生命體之法身佛，而從事聖業的。而此法身佛之表現就是宇宙、國家、社會，吾人將生命奉獻給國家社會直即就是參與法身佛之聖業。

一日不作、一日不食

去除私心捨棄小我，而以積極地活動為重要故，《百丈清規》說：「一日不作，一日不食。」我人為勞動故食，為生故食。如果未盡本來之目的，即使是生或活動皆已無意義了。

勞動其物與隱顯

參與其聖業的各人，都是從其各自之立場去活動的。這些參與聖業者之中，其活動功蹟有於社會上表面化，令人易見，被大眾稱譽者；亦有完全隱在社會背面，不容易引人注目者。這從以自我為中心之思想立場看來，似乎很不合理，但是從密教精神的全一之活現上看是不足介意的。各國都有為國家而受盡苦難或殉職者，表面上看，這些人雖沒有什麼貢獻，但在活現於全一之意義上，確是可歌可泣的。這些人雖埋於九泉之下，亦同生於法身佛之永恆的生命中；雖然命終卻了無遺憾。比起貪官污吏來，死得有如泰山般。

作事無高下

人們作事一向都有上品、美麗、好逸、高尚，反之也有不潔、賤業等等心理上的分別。人人都喜歡選擇上品高尚的職業，而儘量遠避賤業。但於參與聖業中就無此觀念，而是要依時依地，因種種因緣關係，不得分別，盡力地去完成工作才行。此即是課賦予各人之任務使命。

密教精神之具現

至於灑掃應對之事，於日常行事中，一一將之淨化，無限化。從各方面去活現密教精神，為此如實地把握全一之真我。以此肉體為立場，來充實莊嚴自己之內容，將刹那刹那活現於無限、永遠。以所謂「我即佛」之見地，去應對見、聞、知、觸之一事一物，要活現密教精神非要如此修養磨練不可。

第六章　密教之生活

第一節　密教生活之由來

靈肉之調和

人雖然依食物而生存，但亦未必專依食物才能生存。因為人是靈的精神方面與肉體的物質方面一體地生活者。所以人原就是靈肉一如，相依相扶之一體活動者。可是一般人很少有這種觀念，都偏向於某方面的。

普通一般生活

以一般人之生活來看，大師說：「日夕營營繫衣食之獄；趁逐遠近、墮名利坑。」大都是研究如何食得好，如何睡得美妙，以後就是死而已。什麼宇宙？人生？道德？宗教？死後怎麼辦？他們認為與其關心這些精神上的問題，不如看如何去賺錢？如何快樂生活？如何博有驚人的名聲？等為主眼。

但由另一方面來思考，無論如何地積聚金錢如山，名聲如何地

一般生活之反省

廣及世界，如何地錦繡衣着，如何地恣得美食，其結果，終究非死不可。於死一大事實之前，什麼金錢！美食！錦繡！名聲！都沒有任何的發揮餘地了。

釋尊與其生活

如此反省的結果，釋尊才脫離富貴榮華之王宮，而入於山林。經過六載星霜歲月，修行而加修行，才解決了宇宙人生有關的種種問題，而得到了所謂開悟。由此開悟心靈的覺醒，佛陀世尊即厭煩於世間物慾生活。而以三衣一鉢，宿於樹下、石上，過着食從行乞為基本的生活。

僧團生活與戒律

為仰慕佛陀之芳躅，以其心靈生活為目標的佛陀弟子亦漸漸多起來，遂成了教團。而佛弟子中，雖以心靈生活為榜，但無法打勝由於物慾之誘惑，而引起的種種犯行，因此佛才制了種種戒律來教誡。

佛滅後之孤獨佛教

佛在世時尚有如此之犯行，況乎佛滅後？因時代流遷，佛之感化漸形稀薄，以物慾為中心之種種犯行陸續出現。那個時候，諸大德即提倡不淨觀，或白骨觀等等禁慾方法，以對治之。當時之佛徒，為此靚命地修習這些工夫，因而遂漸漸變成消極的、保守的，不能積極地進出社會。沒有教化民眾的氣魄，完全與社會隔離的孤獨佛教、山林佛教或厭世佛教了。

密教之物慾觀

因為此種形式的佛教，違背佛陀費了一生辛苦教化於人的真精神。在家居士為中心之積極的以社會教化為目標之大乘佛教因而興起。於密教而言：針對物慾生活等，清算了古來之消極的態度，積極的活現佛陀真精神，使一切成為有意義，而予以活用。

不注重任何有意義的心靈生活、精神生活，而過物慾為中心之一般生活，當然是非常的低級淺薄與動物相類。但徒禁止否拒物慾生活，對其是否有任何存在意義均不加思考，完全不能說為正鵠。

一切生命皆通過個體去活現全一故，欲活現全一非此個體不可。為維持此個體故，賜與種種官能或物慾。雖然感官對物慾之感覺，極其敏銳且切實，但這僅屬個人性的。若縱其物慾，即會紊亂生活全體之統制。因此，當處即必要有某程度制御統一整理。若過於極端禁止物慾生活，即會失去生命體之機能，所謂矯角反成殺牛。此徵之佛教戒律史有明確的事實證明。

物慾的調度如何才算是適當？才可以活現其物慾？又可完成物慾本來之使命？同時，怎樣調協其周圍一切來活現全一呢？此即所謂肉體之生，乃自己之活動，即是貫天地之生命力。充分體認此肉體其物的密教精神，不被肉體我所囚。能夠把握此，即使處處物慾抬頭，亦如光風霽月不會被其所染，而可以去發揮自己之使命及物質機能了。

所謂密教精神或密教安心，若只於頭腦中作個概念，或僅口言體認或言浸入法悅，那都是不夠充分的。要具現於日常生活中，如穿衣、吃飯、入寢、活動、應對等完全溶入，將之變成血與肉去活現才成。能夠以此體驗內容溶於日常生活，自能同化種種因緣所醞釀的周圍事物，成為活現全一。此即是密教精神，亦是密教生活。

密教精神與生活

由此看來，個人生活即是大眾生活，自周圍之事情互助的因緣交錯下，才能成為社會國家全一的生活。有了大眾生活，個人才能生活，這種情形下，帶妻亦可以，獨身生活亦可以。

密教之帶妻生活與獨身生活

印度之佛陀，釋尊的行乞生活，實乃國情不同，風俗亦異所致。當時四姓不平等之觀念，浸在各人心中，不同階級之人一同出家於教團中，為要折伏其傲慢心或自卑感，予以平等化起見，乃實行托

出家之意義變遷

鉢生涯。又為令施主尊重僧眾，布施植福，教導啟化民眾，以適應其時代而設的。現在人類文明發達，民主思想，人權平等概念已普遍被認識，似乎已不必如此。所以自古中國、日本都於寺院自炊、過堂，共受藥石已是常事而成習慣。以理看來，天地間所有一切悉是大生命之細流，何事何物都時時地生長、變化、發展，並非固定靜止，生活方式自亦不能硬性強加固定。

釋尊當時之印度，出家即離家，入山或入僧團過獨身生活不能帶妻子。以後《維摩經》等成立，其時代裏，家之意義大為轉變，「只持形式之戒過獨身生活決非出家目的，要體得佛陀之真精神，勤求正悟才是真正出家」的思想因應而生了。

又佛教傳入中國或日本，出家之內容亦隨國情不同而變了形式。如剃頭、着法衣、住寺院等等各國不同。然以此箝入古時釋尊當時之概念者亦有。但印度、中國、日本等其寺院之性質亦異，法衣樣式或其他種種都有改進變遷，已不盡一致了。例如授戒形式，日期之長短均不同。中國之壇場有如官衙，時間長至一個月或二個月，日本即一星期就完成三壇大戒。中國當時盜賊四起，時有盜賊假冒出家人者，因此規定頭上燃燒香疤以別盜賊。但是時代已變，燒香疤之習還是流行至今。以燃戒疤當時之目的上看，此舉應該是要改進的了。

密教特別是為因應周圍一切之需要而施設，現出家相為方便時就顯出家相，未必認為出家是唯一的理想。因為密教是精神出家為目的，如地藏菩薩纏法衣、剃光頭顯出家相者有之；像大日如來或諸菩薩，結髮戴冠，顯在家相，以滲入社會各角落去化度民眾者亦有。此等皆是一種方便。

密教生活之樣式

以其生活樣式言，不一定要在寺院才能過密教生活，於家庭營業亦能實現其目的。密教根本經典《大日經》說：「父母、妻子圍繞中受天人妙樂，可沒有任何障礙密教生活。」可以證明事實。

密教與無礙生活

無論如何，密教之最上者，即隨時隨地當面活現各個境遇，協調圍繞於周圍。雖以各個為立場，卻不被其所囚。一切互相扶助，相依地為全一生命，充實莊嚴自己全一內容，其活現於一如之處，是為其主要綱目。

第二節　密教與國家生活

我國自古以來，歷代帝王都尊重佛教。佛教之傳入中土，亦是自漢明帝以至歷代帝王，遣使往印度求取而來。又迎請了很多印度高僧，入中土宣化及翻譯經典，興蓋寺院度僧，廣作佛事，盛傳至今而不絕。其間雖遇三武一宗之法難，或外教之入侵，仍無法使佛法絕跡於中國。古人有言：「吾法斷廢國家衰退，吾法興盛國家安泰。」確是一語中的之千古格言。中國由上至下向來尊崇佛法，為最者，如版圖廣及西歐的元朝將之奉為國教；清朝迎請蒙藏密教及僧人入宮等。然而上至帝王下到百官，均將之奉為至尊至貴，只流傳於宮庭間而沒有普及庶民。到民國以降，始有公開地弘傳，台灣亦於民國五十年以後才有藏密傳入。正純密教之東密也於民國六十年才由本書譯述者自日本迎回。古來之密教雖有傳承，但始終都無系統化地整理，只以自修或因時代變遷參雜了些神教思想而流傳。不禁讓人感慨其已成神道主義，或利己主義的左道右巫教了。真正密教思想，如前所論述，是以社會性，國家性之活現觀念，萬眾一心地扶翼領袖，共同創造安和利樂的生活為其主眼。廣及八紘一宇地完成世界大同，活現全一大日如來，充實莊嚴其內容。以其中若有一個不完整，即全一不完整的觀念，扶助政府，辦社會福利事業，以救濟未完整之個人，才是密教的國家生活。

天壤無窮之國家

密教行人，上擁戴賢明的領袖，扶翼政府，下濟群黎，上下一致建設人間極樂淨土，化及億兆黎民。統一天壤無垠的國家，完成大日法身國土的莊嚴，建設密教曼荼羅的世界，此乃是密教行人之任務與應作的工作。

轉輪聖王之思想

於印度轉輪聖王思想興起後，同時，成立了《仁國護國經》。以佛為精神界的大王之見地，視國王為仁王，直以佛和轉輪聖王為平行。此時在家菩薩為中心的大乘佛教逐漸盛行，於著僧裝的佛世尊愈視如天王佛，而更加尊重起來了。

於密教而言：言佛或天王都是貫天地之大生命的大日如來法

依密教看國家

身，都是依此根本佛才能成立的所有一切物。這活現一切物之力，通各個互相交涉關聯組成之團體，即是國家，故國家直即是大日如來。

領袖與官民

國家之總代表即領袖，官與民即其細胞。由各個細胞扶翼全一之國家領袖，充實國家內容，莊嚴國家，此亦即是國民之使命，當處才有自生之道。

領袖與大日金輪

以國家觀為主的密教，以此密教精神君臨於國家之上，其視各個官民如赤子予以統御愛撫之領袖，即是大日如來之人體的表現，所以名曰：「大日金輪」。而此大日金輪佛著領袖裝，用表示其聖德的金輪寶；象徵眾軍之白象寶與象徵馬軍之紺馬寶；主宰四兵之主兵臣寶；主宰寶藏之主藏臣寶；表示珠玉眾珍之神珠寶；表示輪王采女之玉女寶等七寶來圍繞者。

密教與印度、中國

此是以印度之國家觀為基準來說的。當時以密教精神為目標之理想國家，已在印度實現了，後來傳入中國。為使中國成為密教精神之國家，不空三藏非常地盡其心膽，為肅宗皇帝授與「輪王七寶灌頂」，但未能發揮其成果的樣子。

密教與日本

日本原來是以天照大神之神詔來統一國家的，所以君民均將其國奉為神道國家之具現世界，自然與密教精神冥合。因此信奉佛教之密教精神，為建國之指歸了。

四海領掌之大事

密教由弘法大師傳入日本，從此起，才將密教精神具現於國家之上。依《雲傳神道》看，弘仁七年嵯峨天皇即位時，下問大師有關即位之大事，當其知悉與密教之《四海領掌大事》吻合時，非常地感激大師。大師亦為具現密教精神，常為寶祚長久而祈禱，修鎮護國家、王體安穩等法。天皇大為嘉獎，其時賜與百屯之綿，御賜七首詩以表謝意：

禪關近日消息斷，京邑如今華拆寬；
菩薩莫嫌此輕贈，為救施者世間難。

因此大師和之：

日與月與丹誠盡，覆盆今見堯日寬；
諸佛威護一子愛，何須惆悵人間難。

以此看來，可以了解當時之上下和樂，君臣一體，具有神聖的精神脈脈相通的情形了。

大師從惟神之道當體即密教精神的深信觀念上，不斷地保護履行此正道，不使傾覆衰頹。對於指導國民，至誠奉獻不遺餘力。以國民精神的強化為目的，修密教之法。誓永為祈求皇運長久而奉獻扶翼，奏言：「生生成為陛下之法城，世世為陛下之法將。」弘仁十四年，天皇下賜鎮護平安京之「東寺」與大師，勅號教王護國寺。翌年，天長元年，又改大師之住房高雄山寺為「神護國祚寺」，納為定額寺。

宇多法皇與王法密法不二

以後，宇多法皇深感此等芳躅掛心，由王法、密法不二的見地，以繼承天祚之王體親當阿闍梨。住於京都仁和寺，繼承密教之血脈，以密教精神具現於國家之上，實現大日金輪的大理想。

後宇多法皇與密教

繼承此「大御心」者即後宇多法皇，法皇入於嵯峨之大覺寺，以天皇即身，繼承密教血脈之法資。以惟神道、密教精神是完全一體之見地說：「繼承血脈之法資與傳天祚之君主，盛衰同進退，與替相伴。」可見古昔佛教信徒之一斑了。

依此看來，此後宇多法皇之「御遺告」中，往古之密教精神確實是為治國思想之基本。以君民各個為大日金輪之當體，贊翼天皇，即是億兆人民各個為充實莊嚴國家的全一內容，大家各自努力，各盡其職，此乃為真正的密教生活。

神的密教精神

第三節　密教與供養生活

人們不斷地受了太陽光之溫熱，或受了空氣之食而生活着，但每都忘記其恩惠，把感謝置之腦後。恰如堯帝時代有位老人，受了堯帝的恩惠，日日平安歡樂地過生活，可是於食時自鼓其腹言「日出而作，日入而息，掘井飲水，耕田取食，乃自己之力，帝王之力，與我無關」，以為自己可以生活。現在的人們這種觀念者大有人在。哀哉！

人容易忘去恩惠

但欲知聖王治世之幸福者，有如欲知太陽之寶貴一樣，須隱到幽谷洞穴或南北極去看。同樣地要看沒有聖王治世的亂世之國是如何？才會領悟聖王治世之幸福。沒有太陽所照之地面是毒菌蔓生，草木不長之寒冰地帶；沒有聖王的國土，哪有什麼好的施政？人們的生命沒有保障，哪有什麼幸福快樂可言呢？弱肉強食的恐怖世界，完全是黑暗的苦悶。若果不是聖王而是無道昏君，那完全是土匪世界，人民求生不能，求死不得。我們能夠日日無事、平安快樂地過日子，不但要感謝太陽，亦須感謝英明政府之領導，更加要感謝所有一切物之互助而供給一切生活。所有一切物均在各個的立場所莊嚴的全一中生活着。我們各人亦要盡其天份，犧牲奉獻，互相扶翼完成全一，自己也才能幸福地活下去。

互相扶助就是互相犧牲，否則即不能成為互相扶助的生活。父

互相扶助與互相犧牲

母為子犧牲時，甚而犧牲生命亦不後悔，子為孝養父母盡其身命。喜歡捨身捨命當處才有家庭父子愛，家道才能昌隆。人與人互相犧牲，社會才能安寧；民眾犧牲，國家才會堅強，人民才有安樂可言。

生命之生長與犧牲

凡是生命的生長，犧牲是必要，這無論知與不知均是如此，否則即一日亦無法活下去。我們因為要活下去，所以要攝取食物如米麥、或蔬菜、魚肉等。然其魚類肉類都是有生命之動物，蔬菜或穀物也是芽葉不斷地生長的生物，因為犧牲了此等無數生物，我們才能日日活下去。

細胞之新陳代謝與社會生活

由犧牲無數之生物，才能自活養其一身，身體中之舊細胞犧牲自己，而讓新細胞取代其地位。所謂新陳代謝，才能活現其全一之一身。以大的立場來說：為家族、為鄰居、為社會、為國家、為人類亦是要犧牲。不但要犧牲自己的才智、財產、行動，時而要犧牲生命奉獻於社會國家去完成大生命。

一切皆互相之供養

此犧牲意義之充分體認，即一切所有物悉是為活現全一生命之供物，或云供養。由此相互間供物與供養彼此才能活下去，小生命亦會成為大生命而生成伸長。惠果和尚說：「法界即此諸妙供也，乃至三世常恒普供養，不受而受，哀愍納受。」即此也。

能供所供皆是絕對

此於密教精神上來看，所有一切物無一不宿有全一的大日如來法身之生命。供養之供物或被供養之人體，都是絕對之生命體，俱是超越了供與被供的能所對立之供養。而在感謝互相互助之恩惠的觀念下，自己之供養亦請哀愍納受的信念之處，才能展開真的供養生活。所以說：「不受而受，哀愍納受。」

互相供養與各自之使命

無論如何，此天地間所存在之一事一物，各個都是在供與被供的互相關係下，自己生成伸長。由於一切供物之犧牲，而各自活現

各個職能者之一大合唱曲

資生產業即佛法

之所以者，乃是由各個之立場，各個努力奮鬥，為完成充實莊嚴全一的生命內容之使命。為此自然成為對其他物之供物或供養。

若由以上看來，農業者、商業者、工業者或不論什麼職業，都是為了要充實莊嚴此全一生命體之內容而活現的一大角色，依此而成為一大合唱曲。所以各個演者，要自覺自己之使命，於人生一大舞台上，大大發揮自己之才能。互相了解彼此之任務，互相尊敬，互相禮拜，互相供養，乃是密教精神之具體表現。

彼佛說：「資生產業皆佛法。」然言佛道絕不能離開世間相。因此，於密教特別力說：「即事而真，當相即道。」以此為立場故，所以行、住、坐、臥悉是密教，舉手投足無非大日法身之表現。因此，無論何事何物，不能輕賤誹謗。善無畏三藏說：「秘密藏中之一切方便，此皆佛之方便。乃至於世間治生、產業、藝術等，亦是順正理與佛所說相順不可謗。」而誡之。

國民之使命

我人以各個之職能為基本，依各個之立場，一心不亂地去努力，為自己之使命生活才成。以國民之各個團結體看做全一之國家，奉領袖為全一之代表，全一之代表視各個之國民為赤子。眾多赤子為全一之內容而充實莊嚴，奉獻一身去供養即是生活之意義，亦即是此世出生之意義。

犧牲之真意義

於個人主義的立場上，自己犧牲奉獻供養他之一切，似乎自己有所損失或不幸。此乃因將個人閉籠於殼中，不知外面有廣大輝煌的世界所致。古人說：「坐井觀天」的管見；或「井底蛙不知世界之大」，是心量小、視野短所致。犧牲自己投與他人，才是自己擴大的秘訣。誠如自己之小水注入他水即成大水，即自他同化，自己與他成一體。又如父母親為子孫犧牲一切，「親」伸及「子孫」，即「親」、「子」成一體，成一家，這才是活現於全一的犧牲意義。

幸福其當體不在於「物」中，以「物」施濟他人，就以為失去了幸福，這是錯誤的觀念。因為有幸福在於物中的觀念，所以於財富中求其幸福，或於高官顯職之中去探求幸福，處處漁獵幸福。古人說：「盡日尋春不得春。」導致因探求幸福而空費一生。

又云：「春在枝頭已十分。」若開了心眼，幸福之春到處都有，於自家籬根之梅枝，幸福之花已怒放了。言幸福言春，並非在於「見」而是在於「感」。脱離此小而可哀的小我，悠遊於天地間充實莊嚴全一的內容，奉獻自己之一切而供養。燃燒自己之全生命，剎那剎那去充實活現才有幸福之感受了。如蠟燭燃燒了自己，以此光明照耀他物之一切，此處才有發揮自力之隱力，完成他物之價值存在。自不燃、不成光；無此光、他不亮，亦是犧牲之價值與幸福之真意義。

所以我人由於他人的犧牲供養，自己才能一日一日地平安活下去。因此為感謝及報恩，亦要供養出自己之才能或財產，時而要奉獻生命於一切，依此而活現全一。這互相供養表現於社會上時，就是充實莊嚴社會及國家。如此即是人出生於世間之各個使命，也才能活得更加有意義了。

第四節　密教與道德生活

由於以出家為中心之小乘佛教，已經形式化、化石化，因此以活現佛陀之真精神為目標，於公元七世紀中期至末期才樹立了菩薩新教團，而與舊來之僧團分開獨立。以出家在家一體的新道德觀念，自此表明了其立場，此即密教也。

密教道德根幹

此密教之道德基本原則即：「不捨正法、不離菩提心、不慳正法、不損眾生。」四科目，違此即為四重罪，即使誅身命亦非守不可。此根本精神若能確立，即不拘束於其他形式。但是若要於社會活動，對「不殺生、不偷盜、不邪婬、不妄語、不綺語、不惡口、不兩舌、不慳貪、不瞋恚、不邪見」等十戒，不論出家在家都非守不可。否則即會招致世間無謂的譏嫌，故以遵守為宜。

譏嫌戒之十戒

密教道德與善巧方便

但若如小乘佛教徒，只拘於條文而不能融通也是無益。無論如何，都要通過密教精神而活現之才可以。例如「不殺生」，若為殺一人可以救多數人的場合，那可以殺生；為令他人離慳貪的方便上，亦可以偷盜。總之，是否有罪看其動機之正確與否而定，其動機要極其動的、融通的，對大眾有利才行。

此密教之道德生活，在密教之根本經典《大日經》中有所論說，

密教道德與底哩三昧耶經

然《底哩三昧耶經》之梵本說：「所有一切物依各個立場，為充實莊嚴全一內容實現身、語、意之三平等活動。」若充分把握了底哩三昧耶（tri-samaya，三平等）之真精神而行動，枝末之形式等均無所為礙。有此堅固密教精神即曾破戒亦無罪。

印度之大乘密教教祖因陀羅部底

又傳密教入中國之善無畏及金剛智等，幾乎同時代於印度廣為弘揚密教，如被奉仰為大眾密教之祖的「因陀羅部底」（Indra-bhūti），其所著《智慧成就》中曾說：慧與方便者，即是將密教精神與所活現（成就）之善巧方便，成為一體而行動的密教人。假使飲酒食肉與女人有所關係，於密教體驗上亦無任何障礙。

善無畏三藏之逸話

依善無畏三藏之逸語傳說：「彼於以持律堅固聞名之道宣所住的西明寺，飲酒、食肉乘醉喧噪，困惑了道宣。但某夜，道宣捫虱欲投地時，已在隔室熟睡之三藏動聲大叱：『律師何故致佛子於橫死也？』依此道宣即知三藏並非凡人，整衣前往禮拜師事。」此逸話雖然推測是傳說，其事實與否暫且不提。然可知三藏其人是個極富精神主義的人，不拘細行的執著是千真萬確的。

小乘律與密教

依善無畏三藏傳記說：佛說之：「比丘二百五十具足戒，或婬、盜、殺、妄之四波羅夷罪，是為度一類小根性人說的，決非究竟。」又說：「大菩提心為導首者，一切無犯。」此「大菩提心」者即悟心，即指密教精神，若果把握了，即沒有犯戒或有反道德的行為。

密教道德之重罪與小乘佛教之重罪

於密教道德來說，量重罪者，就是違背了密教教團之根本信條：「不捨去正法、不離菩提心、不慳吝正法、不違眾生行。」之四條目，此密教之四重禁戒也。小乘佛教即是「犯淫、偷盜、殺生、妄語」為最重罪，此為四波夷罪。此於密教中修行雖有礙，但不是絕對成佛之根，此只是偷蘭遮罪。

密教之沒栗多戒

雖然密教經典中說及：「不食五辛」或「不於水中大小便溺」及其他如「非時食戒」或「禁止食肉」等等嚴禁規定的亦復不少。但此為「沒栗多戒」，為修特殊之密法以得悉地（神力）的一個月或二個月或三個月、六個月，限於一定期間受持者，並不是密教之日常生活之戒。

密教道德與精神主義

無論如何，密教道德是以精神為主，不拘泥於小乘的煩瑣形式。善無畏三藏又說：「譬如犯出家二乘之法戒，過於執著怖畏，即反會妨礙密教之修道。」

中國與日本之密教教團

當時印度之密教，厭棄偏重形式之舊來小乘佛教，以精神為主，而樹立出家在家一如之新教團。但傳到中國及日本，雖由祖師先德傳來密教經典或精神，但是此等國家已有了以出家為中心之舊來佛教教團，且非常根深蒂固。在其勢力下，無法組成出家在家一如之印度本來的密教教團。

大師對戒律之態度

弘法大師為調和此，遂以活現一切、伸展一切的立場，將南山之四分律宗戒律加以包容。於精神上反觀，不過於拘執，但對修養有益者悉皆攝受，教誡弟子們受持。他說：「趣向佛道無戒等於無足，不能遠涉，故無論顯密教何戒悉要堅固受持勿犯。」

大師與三昧耶戒

此「堅固受持」不是只墨守形式，其說「二百五十之戒等是聲聞之教藥也，緣覺之除病也」中，可以看到密教真面目之暗示。所以密教徒要發露密教精神者，要以菩提心戒即三昧耶戒為主才成。其密教戒之內容即是「檢知自己身心去教化眾生」。

三昧耶戒之精神

此「檢知自己身心」，與「如實知自心」相等。依大師所看，密教精神即「於內面覺知自心之源底、把握貫天地之本心；外面即以所有一切物為自己內容身量而體認證悟之」而已。此內外一體、身心一如的活現，即是大師所謂之「檢知自己身心」。把握了此密教精神之要旨，教化眾生的行動即顯密教之戒，亦是道德生活之意義。

大師當時之社會與密教教團

大師當時，尚未有出家在家一體之組織，因國家法律於在家者之外，認定了出家眾之存在。以在家、出家二者立場不同，故出家另設有法律，除三衣一鉢外，不得積聚財產，所以不徵稅金與不參與國家勞役。

明治維新與出家之解散

然幸或不幸，到了明治維新，這些特別法律已被剝奪。最少於國家法律上，已否定出家立場，而須和在家一樣服從法律，亦須納稅及徵兵服役，因此亦就掛了苗字了。

此苗字是家族之姓氏，若果脫離家族，出了家就沒有苗字可言，所謂「五河入海同一鹹味，四姓出家同一釋姓」，沒有此苗字之處，才有出家的意義。尤其今天，雖不無安上釋或桑門之苗字的名稱，但是已非指出家的釋或桑門，只不過是一苗字之在家人而已。

現代之出家在家一體

於日本，僧人住於寺院，所以習慣上稱呼出家或僧，而叫某某師某某和尚、某某法師、其實此等已是失去內容的空名。因此現在國家之法規上，不知不覺出家與在家已成為一如之現像。這時從來要實現而未實現之出家、在家一體的印度本來密教教團是樹立了。因此，要將出家、在家一體之密教精神，當即活現現於生活上才成。

第五節　密教與家庭生活

小乘佛教與家庭生活

若果如小乘佛教一樣，認為此是苦是迷妄的世界，而不願再出生於這世界，希望能夠早早脫離此世界而得到解脫。以此立場而言，那麼家庭生活或帶妻，傳承子孫等都將變成一種罪惡。因為殘留子孫會繼續創造迷人，持續迷的世界故也。

但是，否定此世界決非是佛之真精神，以此世界為苦，是迷妄的，那是因人的看法與感覺或取置方法不善，所引生的觀念。若果以個我為中心、個我為基本去把握一切，那麼一切悉將與此個我對立，而不能隨心所欲，一切都變成煩惱種子了。但若能夠超越自我，換個新的角度來看，以感受新的氣味或新思潮，此世界直即變成佛的世界。常樂我淨之境地，變此新境地的立場名曰：「出離」或「解脫」，亦就是大乘佛教興起之所以。

大乘佛教之出家，不像小乘佛教以為是出離家庭，而獨身生活的思想，而是以不為我慾所囚的出離解脫為立場，把此現實世界建設成共存、共榮之真佛國，才是真正的出家。依《維摩經》說：「示有妻子，而常修梵行。」「即修淨行，出入婬舍，而不為欲垢所染」

的意思。

小乘佛教之拘囚

小乘佛教行人，心眼未開不能見世界之實相，這不過是導引一類小根而已。執於持戒行式，拘於淨或不淨，持戒或破戒，以一切為對立性的而思惟分別故。如此雖持戒亦被其所囚，以自高侵入優越感。因此，維摩丈室天人雨花，被等皆沾着不離了。

出離與現實

雖言出離解脫卻忘記了現實之佛國莊嚴。這有如徒窺天上數星，不顧腳下地面，稍不慎就會誤入腳下陷穽之慮。蓮花清淨美麗，不會生於高原陸地，卻會出於卑濕淤泥中，而欣欣向榮。於清淨之地不管如何播種都不會有結果，不如種於糞壤之地反能生成繁茂呢！

勝意與喜根

《諸法無行經》說：拘於形式戒律之獨身主義者之勝意比丘，與不拘世法能隨順世法之喜根相比，佛教之真精神即在於世法上，生活於家庭中示現佛教。即：「婬慾即道，恚癡亦復如是。」宣示此有世間故，需要明示出佛教之真旨趣。亦即說佛教並非小乘出家人之專用品的含意。

婬女伐蘇密多

又《華嚴經》說婬女之中有佛教，善財童子訪南方險難國之婬女伐蘇密多言：「若有眾生抱持我即離貪慾、乃至若有眾生接吻我唇即離貪慾。」等皆宣示婬怒癡即道的旨趣。

大日經與家庭生活

繼承此思想，以出家、在家為一體之新興密教教團，即於家庭生活中以明瞭密教生活。此《大日經》有「父母、妻子、眷屬圍繞而無何等支障，可以過密教生活」的指示。此家庭生活是不殺生、不偷盜、不邪婬、不妄語、不邪見之五戒的受持者。善無畏三藏說明此謂：「具足密教精神的慧，同時活用的方便，故一切之煩惱亦不能礙得、立即可能成佛。」

印度之密教祖師與帶妻

於善無畏三藏同時代之印度，廣為民間弘布密教之因陀羅部底，或與弓師之女兒結婚之沙羅哈（Saraha），或與摩羅婆（Mālava）國王之女同棲之迷多利具佛多（Maitrī-gupta），或與首陀羅階級歌舞人之女共居的屯美醯爾可（Dombi-heruka）等印度密教祖師先德，大都有家庭生活；或西藏很多大德，亦同樣帶有妻子生活者。中國或日本當時弘揚密教之諸教祖，因為其周圍情形不同，或因法律或因以出家教團為中心之教團所限，未及創出印度原來之出家、在家一如的密教教團；然這等人都是熱心社會民眾教化，未顧及家庭生活的樣子。面臨了此情勢與古代完全不同的現代，諸教祖亦可能於嚴肅的家庭生活中去弘揚密教呢！

家庭生活與密教生活

但是，雖力說家庭生活，家庭生活當體不是密教，而要活現密教精神，將家庭淨化之處才有密教生活的實現。其《理趣經》中所說：「妙適清淨句即菩薩位」，「愛縛清淨句即菩薩位」即指此。

如於男女愛縛性的行為，若以密教精神將之淨化，即為密教行人之菩薩境地與生活。

家庭生活之歪曲

若果忘了密教精神，躭着於情慾，羈絆於愛縛，即決不是真正的密教家庭生活。而其被種種曲解惡用，淫祠而邪教化、左道密教化。如現在灑流毒害於印度密教，或西藏密教的左道右巫思想者確實不少。未得真正密教精神的人們，最好遠離女人之誘惑，一意專心地修煉為要。

女人禁制之緣由

弘法大師說：「女人是萬姓之本，是弘氏族繼門第者，親厚佛門弟子，成諸惡之根源，嗷嗷之本也。」開創道場之初的高野山，是女人之禁地。這並非意味女人是惡魔，而是基於恐會妨礙密教行者為戒故也。

其取置方法

依密教精神上而言，大師曾宣示：「地獄或天堂乃至所有一切，皆是自心佛之名字，何捨何取。」什麼事物都是超越了善惡之絕對物，只在其人之取置如何來決定善惡。為活現成就一切之處才有密教精神故，要適應其周圍及時代的環境？獨身生活或家庭生活都需要具有其意義才成。

獨身生活與家庭生活之功過

依歷史來看，獨身生活有幫助密教生活之處。然流於虛偽墮於形式，因而妨害密教精神之流露者亦不少。古有「子是三界之首枷」等語，說明家庭生活會妨礙佛道修行。又有如勝鬘夫人或光明皇后等生活於家庭中的人，親自幫助夫王修道而獻其心血。雖為家庭生活，卻對大乘佛教之興隆大有貢獻者亦很多。

密教精神之成就

以密教精神為立場，即雖獨身生活亦好，家庭生活亦好，但不可拘執，須依人、依時、依周圍環境情況而決定，不能一概而論。

若為密教之弘布，純真的獨身生活為方便者，即以獨身而為，但不可流於虛偽形式才行。然也不是家庭生活就不好，要極其嚴肅地，以密教精神為生命才成。經由此成就密教精神，而將之活現於其子弟身心中，把子弟送出社會，以此為基點教化社會。以正當之家庭生活為社會之楷範，即是密教精神之成就了。

第六節　密教與寺院生活

「萬物是流動的」，任何事物都不能永住同所同姿，而是常在遷變的狀態中，這就是生命之本質，亦是其真面目。

釋尊當時之寺院與現代之寺院

以寺院生活來說，釋尊當時之僧團生活與今日的寺院生活比較，有天壤之差異。特別是今日在寺院內作家庭生活營饍，乍看簡直是佛制之紊亂，僧團之腐敗者。其實僧當體之性質，或僧院當體之內容，已因時代之變遷而轉化了，不可與昔日同時而語了。

僧院之由來與變遷

釋尊當時之僧侶，以遊行四方行乞為主，所以其僧院或寺廟都是雲水僧之共同宿泊所，所謂十方叢林。又若逢雨季為安居之處，以供互相研討修養之用，是團體共同之道場。是四方僧伽之共有物，如招提寺為四方僧伽寺而名揚遐邇。上述情形，於不覺中，行乞或遊行生活變成只限於一定區域，僧伽亦分割於各個小教區居住。四方僧伽之僧院，變成某處僧伽之所有物。原來之園林是只能躲避雨露之茅舍，變成為美侖美奐，可誇之僧院建築，完全面目一新了。

中國與日本之寺院

於印度方面尚且如此，況乎與其國情或風習不同之中國或日本，當然也必定會依其內容性質，而有所改變。特別是日本的寺院並非同於印度，是給與行腳僧伽住宿的。欽明天皇時，由百濟貢獻

日本寺院建立之動機

一尊釋迦佛像，為奉安此像，由蘇我稻目供給向原之住宅為寺，稱為向原寺為日本寺院之嚆矢。日本語之寺廟（テラ）由來於朝鮮語之テル（chöl）而曰禮拜所。

中國之寺，據說是漢明帝時，印度僧人以白馬馱經來華。為安奉此經及來華之印度僧人，即將之安置於白馬寺。《高僧傳》謂此寺原名招提寺，後改白馬寺，此為中國寺院之始。以後多迎請印度僧前來翻譯經典及布教，為安置僧人，皇帝蓋造寺院安置之，然均為十方叢林。現在台灣之寺院亦完全是私有的居多。

禮拜所造立之動機，是奉安佛像，以祈願能得到現世利益功德。經久，繼承此思想者，如聖德太子之四天王寺，聖武天皇之國分寺，都是為降伏佛敵，或鎮護國家為目的而蓋的。不但如此，於官寺以外，公卿百官所造立之私寺，大都是以祈禱自己之願望能成就為目的而蓋的。

神宮寺之由來

奈良朝之末期，依神佛習合思想，亦建立了神宮寺或宮寺。其言不論神或佛，其本體都是同一，然為攝化救濟眾生之方便，而施設種種樣樣之姿態而已。由於這些神佛互相冥合相扶下，可以守護國家，鞏固皇室，由此立場，於神社內亦造立了佛堂或僧院，而以僧侶來主司社務了。京都之加茂、北野、平野等神社或都鄙等。到處之著名神社都建有神宮寺。

祈願寺與菩提寺

飛鳥朝至奈良朝，官寺、私寺大都是祈願寺。到了平安朝，神佛習合思想和祖先崇拜思想融合。如藤原氏之興福寺；源氏之醍醐三寶院；日野氏之法界寺，為祈求一門之冥福所建之氏寺等。其他一般人為安置歷代祖先之牌位，以求其冥福的菩提寺或香華院等的造立。後來這些菩提寺等，於鎌倉時代以後益加增多，但比為國家祈願的寺，較被輕賤的樣子。

唐招提寺與法隆學問寺

日本亦有如印度和中國一樣，基於僧伽精神之寺院。如唐招提寺或法隆學問寺，專供以僧侶之學問修養為目的者。然而，大體上在祈願寺和神宮寺與菩提寺中，尤其祈願寺與神宮寺大都被台密或東密之密教僧所佔有。

寺院與職掌

而此寺院，無論是祈願寺或神宮寺或菩提寺，由於住於其中僧侶之任務各不同，所以有專管祈願者、有專處理事務者、有專掌管壇務者，各個分開。以至於平安朝以後，大寺除建有堂塔伽藍外，大都還建有子院和私房為僧侶生活之所，變成複合寺院的組織。

日本之帶妻寺

如此地，僧侶於一山地中私自建造住宅以別居，自己掌理的職務隨者成為不同。如主司社務之神宮寺僧人，以自己之住房作為一個家庭而養育子女，其住房和私財相續給其親子。如京都石清水八幡之護國寺，或伊勢之太神宮法樂寺就是。其他如以私財建立之菩提寺、醍醐之東安寺、日野之法界寺多為帶妻之寺。室町時代以後，修驗者之住寺也都是帶妻寺。

寺院民眾化

若果以寺院是如印度或中國一樣，全供僧侶作為修行道場者。那麼，日本之祈願寺或神宮寺或菩提寺，都已非寺院本來之意義了，特別如帶妻寺，即完全冒瀆了寺院之使命，似乎是一種墮落。

但是把寺院予以世俗化、民眾化，就能覺察出大眾所趣向。而將佛教與民俗信仰融合，善巧地與社會作深深地接觸之處，即是日本佛教之特質所在。所以在印度或中國已枯乾的佛教，今日才能在日本活潑持續了其大乘生命。

寺院與俗家之類接

寺院之意義與性質，到了日本如斯一變，寺院之建築樣式也有變化。平安朝時期，以自宅為寺院的風氣盛大流行，俗家與寺院極

貴族之別莊寺院

寺院出家在家一體生活

其類接。當時貴族住宅的寢殿造立佛寺，亦到處建造起來。如嵯峨天皇之離宮為寺院的嵯峨大覺寺；把仁明天皇之清涼殿，移作佛堂的山城深草之嘉祥寺；將清原夏野之住宅當作寺院的京都太秦之法金剛院；及改醍醐天皇之外祖父宮道彌益之舊宅為寺的，京都山科之勸修寺等。

又這時代如藤原一門之貴族等，流行選擇山明水秀之地建造別墅。後來改為寺院，以在俗身份而行出家生活亦相續出現。

此於皇室來看，宇多天皇把其「御室」并圖堂，修建成仁和寺。而自己還御其中，由王法、密法不二的見地，統王權與教權於一身為始。白河、鳥羽、後白河、後鳥羽之諸法王也照那樣地都是於世俗生活中住於出家入道之三昧者。又以武家來說，平清盛入道或北條時賴入道為始，足利義滿亦於金閣寺，過着在家出家一體的生活。

日本寺院之特質

由此看來，於印度或中國寺院本來之性質，也許全然有寺院生活之變體性。但由於佛教和密教之感化，已普及於一般民眾，其信仰深深地陶冶國民精神，成為日本文化之源泉。由此觀點看，似乎不能嫌其為墮落或變體的理由了。

密教精神與寺院生活

若果要使密教能在國土上建設莊嚴的佛國。即應該寺院與家庭社會要有更加濃厚地接觸，使更為民眾化、大眾化才成。立於此意義上，既使住宅即寺院亦無不可，但要合理化、明朗化，以便能更加接近社會大眾，專心於利導教化為宜。

寺院住持之使命

無論如何，寺院都需要能發揮其機能，為此寺院需有住持。當然依信施而活之寺院，住持不能將之視為私有物。因為公有物是有其特殊之使命的，住持除生活所需外，以達成使命為界限去善用，

服裝之重要性

有關服裝律行派之見解

不能濫用，以致失去人望或令寺院荒廢。

第七節　密教與服裝問題

「外是內之標幟」，形不正心就亂。言外、言內是一體的，色心不二，本來一如故。對於將密教精神具現於生活上，服裝自然有其重要性。

密教中，教乘派與律行派對於服裝之看法不同。依律行派而言：他主張密教菩薩於一般佛教徒之上，其外儀、外相非依佛制不可，如龍猛、龍智、金剛智或不空等之密教祖師，都是以聲聞形而纏三衣的。日本之密教教祖弘法大師亦是於南都東大寺受聲聞具足戒，且曾對其弟子們言：「顯、密之二戒要堅固護持。」以誡告其弟子。而既為大師之徒輩、應準據律藏所定「以衣蔽身為足」為基準，常服布衣以質素為主旨，不用綾羅錦繡美衣。

然人易流於華美奢侈，為使不致墮落，常警惕其心是必要的。但過於執著即如「膠柱鼓瑟」，似嫌什麼都不能自由，絲毫不能融通。總而言之，生存於群體社會環繞中，需要順應周圍或社會之情勢，服裝亦自然會產生變化。而於清淨為原則不奢侈的範圍內，適度講究服裝，不致在人群中被視為下流，否則就無法導化人群了。

以釋尊當時之現況來看，佛認為僧團生活必須以精神修養為主，所以極度地簡化生活。其衣服即如鼠嚙衣、火燒衣、月水衣、產婦衣或糞掃衣，以捨棄布片拾集洗淨縫合而被著。為考慮寒暑，調節規定了三衣，即冬用大衣，夏用輕小衣，春秋著輕重相半的中衣等，如特寒即三衣同時被著。

三衣，最初只是布片所縫合，沒有任何條緣，與印度外道梵志

福田衣之由來

同一樣式。但是某次王舍城之萍沙王禮佛弟子，誤認外道梵志而禮拜之，這都是因服裝完全相同之故。因此也才有因萍沙王之請求，而制訂出服裝的特色。基於此請求，佛即暗示畦畔整齊之稻田，後來即以三衣之布片割截，模擬田相，作五條七條等條緣，此為福田衣，或稱割截衣，規定佛弟子入聚落時必要被著。

三衣以外之服裝

依《大智度論》：「白衣者，即在俗之人，求樂故蓄積種種衣；外道苦行為本，故裸形而不知恥；佛弟子捨其二邊處中道，故只守持三衣而已。」但是佛弟子纏三衣而露出胸膛被世人所譏。又有如阿難之美肌，令女人見而生起慾情。因此依某事例而再創出覆肩衣、覆乳衣給與比丘僧被用。其他依種種因緣，亦作了裙子，副裙子等，僧伽服裝亦逐漸被複雜起來了。

無論怎樣，此等衣體，當初都是用極粗糙之布片所作。但因民

福田思想與衣體

眾對佛弟子之歸依熱誠逐漸昇高，以供養此等聖者衣食必定會在福田中種植善根無誤，所謂福田思想自然地旺盛起來。基於此思想，若有要供養聖者衣食，於信者方面，即盡量要供養最妙好之物，由此而招來福善、美妙之未來果報。

衣之供養

摩揭陀國王之侍醫耆婆，供養佛陀一單尸毘國產最上無比價值連城之高貴衣。佛受納後，信者請佛容許佛弟子也聽受供養，為此信者爭先恐後供養種種衣。據傳說，在王舍城一日之間供養數千之衣。

粗衣至於美服

因此，本來纏粗衣簡素為旨的諸比丘，不覺中，由信施而變成披著妙衣美服了。佛在世時尚且如此，於佛滅後豈能沒有演變之傾向呢？又與印度國情迴異的中國或日本，應其風習乃至社會周圍之情勢，於樣式或材料上亦隨之變化，那是當然之事。

密教與王侯貴族之風尚

特別是密教，自初就教化位居上位的王侯貴族，由其力量自然及於一般下層民眾，於中國於日本皆稱貴族佛教。弘教祖師們，任隨王侯貴族之風尚被著錦繡綾羅，且任官位住官寺。想藉王侯貴族尊重其儀容官位為因緣之方便以接引之使入密教，所以所披衣著特殊而華貴。中國之密教祖師都是住於官寺，不但如此均被授以鴻臚卿或開府，儀同三司、司空或肅國公等官職，甘受由勅賜的紫衣等。

大師時代之服裝

弘法大師亦被授了傳燈大法師位，或大僧都等僧位或僧官。其服裝雖非絹衣，可是賜披著中國製之褊衫，其上披掛袈裟。大師之高足真雅或真然等均授僧正之官職，著絹衣乘輦車往來於宮中。

教化之服裝

因為處於趣向好衣美服所包圍的人群中，為教化他們故，還是以盛裝為宜。比披著乞丐一樣的粗衣，更能接近上、中、下各級人士，因此能倍增好奢者之道心。若果是要處於勞動階級的社會勞工場合，即著粗衣以避免民眾不敢親近的念頭而有礙教化。總之，必需順應社會，善巧調整以便能活現密教精神，然此精神不在形服，若自己虛榮而好著美衣，恐會腐心而失去密教之所謂密教意義了。

中國日本考案之服裝

服裝之革新

今於密教僧侶之間，所用的金襴衲袈裟、修多羅、或橫披、或褊衫、或直綴衣等，都是中國唐朝時代研究出的服式。袍服、鈍色、襲精好、或空衣、素絹、白袈裟、或輪袈裟等皆是日本研究出的服式。此等僧服，束帶或裝束的長袖式服裝都是順應德川時代以前之社會所用的。到了明治維新以後，因完全模倣系統不同的歐美風尚服裝，因而帶來了民間之服裝上的一大改變。因此，從來之僧服，一變成為極不實際的服裝。不但墮失品位，雖然只用於儀禮上亦有感已不適時代。不過於不失去神韻、高尚大方，又能活現新時代，可以活現密教精神為原則下，這種獨特服裝，應該是密教行人必需及早去研究的。

第八節　密教與酒肉問題

密教精神與物質之兩面

要活現密教精神的行者，若任恣於醉酒食肉，這種躭溺形象當然是不可以的，但是若因於絕對的不能食酒肉的觀念亦非密教之本旨。一切事物皆具有其優點缺點長短處，最好不拘限於某一局部，要全一地將之活現，長短相補，以清新觀念理智處事。

不飲酒戒之由來

對於飲酒而言，酒要視其使用方法以論是非，若為溫身或治病則為是，若躭醉其中徒亂心神，因而發生紛爭是非或犯罪那就不可恣用了。

佛陀最初未曾立禁酒戒，因為比丘中有人入酒肆、俗家飲酒，而致爛醉甚或醉臥路旁，導致傷壞衣鉢露出醜態，被世人嘲笑者續出，佛陀知此遂力禁止，有「自今以後，比丘不可飲酒，若飲酒墮波逸提」的教示。如：沙竭陀比丘，未出家前飲酒成性，為勵行禁酒戒，因而患病，消化不良，非酒不能治，佛陀知此，即教示「病人不在此限」，飲酒遂為遮戒，允許沙竭陀比丘飲酒以治病了。

祇陀太子與飲酒

不但病人可開例，事情依狀況有時亦可認定為例外。當時舍衛國之祇陀太子問佛：「率國中之強豪於一堂，飲酒共歡和悅，以之故，使其自然不念惡不作惡，由於酒令他念戒，以此飲酒是否不可？」佛陀大加讚稱：「善哉！祇陀，汝已得智慧方便，若世間之人能如汝者，終身飲酒何惡之有？如此行者乃至生福無罪」。

末利夫人與飲酒

又波斯匿王為飢渴所迫，擬怒殺廚人，其時堅守五戒及不飲酒戒之末利夫人，以美酒好肉勸王食且自食。因此，王即心平氣和，因而救了廚人一命，「斯之犯戒得大功德無罪」。

為成就周圍以飲酒

又其他如舍衛國之諸豪族，互相爭議不和。為此集合此等之人於一處，勸飲美酒享食佳肴，為令互相和樂，由此解消日常之怨恨，使全國得享和平。貧窮之小人奴婢，由於飲酒而陶然起舞，為使心悅而令歡樂故，反而不會生起惡念，而容易制御人心。針對這些因緣，佛云：「若有善巧方便之智，若為其周圍或境遇的成就而飲酒，不但決定無罪，還成大功德。」由此可見戒之精神內涵。

遮罪與飲酒

原來酒其物，非如殺生、偷盜等之本質屬惡。只因為此能致心神狂亂，惹起其他犯罪招致世人譏嫌，所以佛為此而遮制。對於殺、盜、淫、妄等為四實罪，而此飲酒為遮罪。前者名性重戒，後者稱息世譏嫌戒。於密教，將佛教五戒中，除去不飲酒戒，而以殺、盜、婬、妄四戒，加上不邪見戒，成為密教五戒。以此可窺見，為強調成就一切之善巧方便智的密教真面目了。

大師當時對酒之情勢

於日本之佛教，關於飲酒問題，顯得極其寬大。早在奈良朝時代，東大寺等對越前或薩摩等之莊園地徵釀酒米，將之托於民家造酒，納於寺內。於此情形下，大師也如一般性的禁酒那樣，根據大乘方便法，向寺眾說：「若有必用者，自外以非瓶之器攜入，添於茶中，秘密用之。」

密教寺院與酒

大師以後，於醍醐寺等，自久安四年（一一四八）起。所謂：「三寶院元三料」或「每日御酒番」，從各莊園地徵收酒。擁有眾多之莊園地的各寺院，大概自己都有釀造酒。如太閤秀吉在醍醐寺舉行「賞花觀摩會」時，由諸侯獻各地名酒，據說酒充滿寺院內外。其中天野、平野、奈良之僧房皆有酒。特別是天野之僧房酒，秀吉最為愛好，此酒是天野山金剛寺所釀造者。依同寺之文書「關白（秀吉）御召之御酒」之朱印狀乃由秀吉所賜云。

三種之淨肉與大乘之禁肉

次是食肉的問題。小乘佛教稱為三種淨肉，即所謂：見殺、聞殺、為我殺不食，此外若無疑惑者食而無罪。但是大乘佛教從食生物類之肉，違背一視同仁之慈悲心的觀點，而嚴禁之。所謂：「不得食一切肉，若食肉斷大悲心之佛性種子，一切眾生見之捨去故，一切菩薩不得食一切眾生肉，食肉得無量罪。」

肉食與菜食是程度問題

但這只是程度上的問題，若「絕對的不得食生物肉」，那麼先天以食肉為必要的雜食動物之人類，即完全不能生活。如信仰外教的人們皆有食肉之習慣，那就永遠無法脫罪了。此不但鳥獸才是生物，野菜米麥無一不是生物，都是時時地生芽、發葉、開花、結果的生物。若以動物有痛覺，而植物沒有痛覺，那只是五十步與百步之相違而已。

依《文殊問經》：「肉食不可者，為嗜肉市刺激殺害心，培養

食肉不可之處

殘忍性故也。」為此，佛不許殺生製造殺心。但佛陀當時是托鉢為生，由施主供養什麼就吃什麼，令施主種植福田。然施主並非固定之住戶故，當時施主亦不能預知僧侶來乞，所以不方便供養素食。又提婆達多早先皈依外道耆那教，耆那教是自炊制度，都是素食。提婆達多入佛門後，建議佛陀素食，佛陀不許，所以提婆多因之生恨，以致有刺佛事件之發生。佛近入滅之時，亦有施主供施印度之美好鳥肉，因佛遲到，致使其肉稍有敗壞，受食後染生赤痢以至於入滅。現在小乘佛教國家還是以行乞為主，所以未禁食肉類。又如西藏、蒙古之佛教僧侶都是食肉，日本之僧侶亦有食肉者。佛教傳入中國之時，印度僧侶有隨之而來的，都是以方便食為主。素食主義自梁武帝起，雖有提倡，但未普遍，到了唐朝，才成為公認的傳統。到了唐武宗時，皇帝信仰道教（道教因主張素食，信者又名齋公或齋婆。如中國之素堂教、先天、金童、龍華齋教等，都是以吃素為主要目標）。武宗信道士之言，擬破壞佛教，後當眾辯論，言明輸者滅、勝者存，但結果道教敗了。可是皇帝心有不甘，即宣示佛道並存，設考試制度，合格者同住於官建之寺廟，名曰「通道院」。住院修行人不管佛道皆稱曰通道士，穿一定之服裝，命令一律素食。但佛教是佛教，素食是素食，並非佛教就必素食，那只是生活上之附帶條件而已。現在以寺院稱為「齋堂」，以僧尼稱之「食菜人」者有之，着實不宜。素食是好事，是值得鼓勵的，但不可以拘泥。不要以自己素食而看別人肉食就譏評、毀謗，若自己無法消受就不要食，如同自己不善游泳就不可下水，但不可禁止人下水游泳一樣。善泳者入水如入天堂，不善泳者下水即沒頂，如同入了地獄。如果有人昇華佛教精神，成就了佛教精神，假如肉類中還有「靈魂」不能了脫。而祈求此昇華之人，度牠入其腹中加以同化，以超度之，但卻被其拒絕，那麼此人豈不是自私、違背了大悲心？所以，要深深地感謝牠之犧牲來成就吾人之生活，才有體能去為人群、社會、國家奉獻。又將此功德回向，使牠一同成為全一的充實內容，由此而莊嚴法身佛。況乎已成為物質之肉類並無痛覺，於密教精神上看來，即是無我、無壽命之物體。所以教以念如下之咒三遍以化度之，然後即可受用也。其咒曰：

Tadyāthā　　anātma, anātma

多姪他（咒曰）　阿捺摩、阿捺摩、（無我、無我）

ajivata,　ajivata　　naca, naca

阿視婆多、阿視婆多（無壽命、無壽命）那舍、那舍（消失去、消失去）

daha, daha　vapa, vapa

陀呵、陀呵（燒除去、燒除去）婆弗、婆弗（摧破了、摧破了）

saṃskṛitam　svāhā

僧柯慓多弭（有為法）莎訶（成就大我也）

亦即是說：「不可執著這我體，有限而無壽命的東西。消除能造、所造的因緣對立之有為法，以三昧真火燒除摧破，然後成就展開大生命之永遠實相之意也。」

日本之獸用禁

日本有早稱為「山之幸」、「海之幸」，自上古就有食獸類之肉的習慣。到了天武天皇四年，則依大乘佛教之精神禁食牛、馬、犬、雞之肉，以至德川時代，一般人民幾乎不食。

古事談之傳說

但上述以外之鳥類、魚類均可以食用。依《古事談》，小野之仁海僧正連雀鳥亦燒食之。又被稱為禪林寺之大僧正的勸修寺之長吏、深覺於宇治殿寄個隱語「寶藏破損了」，以求魚肉充作滋養。

以上看來，關於不可食肉或不可飲酒，古今時異，東西地域不同，隨而風俗民情悉皆有異，故不能一概而論。前面提到西藏、蒙古以牛、羊為主食的地方，那是不可能禁止食肉的。如歐洲、法國、德國等以葡萄酒或啤酒為飲料的地方，是絕無法禁酒的。然為飲酒以致妨害他人、破壞家庭、有損僧格行為者亦不少，所以需要適度自律才成；即使是以法律來禁止飲酒，亦不會發生效力的。如美國禁酒法案之失敗，可以明白。除了以自己之需求限度來作自我調節外，沒有其他的辦法。以教理上而言：口不食而心思食，即已犯戒。密教行人食酒肉，要以時節場合為根據，各自省察。若食時，心不執著，以能消化為限度，為成就有意義之事去處理為宜。

第九節　密教與教化問題

教化之根據

日本有諺語「隅田川之水通羅馬」，我人等之本心是貫天地而流着的；我人之一身都依所有一切為背景前景，八紘一字地活着的。以此宇宙為家，我人要把內、外一體，身、心一如，如實地加以活現才是密教精神。同時把握了此精神，非去教化其他迷者不可的。此迷的他物亦都是真我之內容，拋棄了他們自己一個人要活現真實是不可能的。真正要成就密教精神必須以：「十方含識猶如己身。」之同體大悲精神，湧出聖愛，自然會邁進到教化的工作上去。釋尊自己開悟後，衷情而不能默視，費了五十年心血教化眾生即此。

如何去教化

關於教化問題，即以什麼方法來誘導社會民眾才是最有效果的呢？才能令其了解密教精神，並使其體認之？如何可使其等所有一切，相互協同融合，來成就全一的密教精神？

於此，我人來回顧，釋尊或祖師先德們的教化方法，追尋研究釋尊、先德們如何於各個立場，成就導化社會民眾？

釋尊之教化法

從釋尊之教化法來看，釋尊是依人、依時、依地而說法，並非對一切的人們都重複說一法的。對於專心修習佛道的人，即說四諦十二因緣等之教理；執著的人說空性法；執空的人說有法。對一般民智低俗的人說世間法，如布施、持戒，並教示「若心清淨正直，即會生於天上享受天福」，鼓吹生天思想。對官界的人，即說盡忠報國思想；最上根智的人，說空有不二、身心不二法。如小兒不吃藥，母親將藥塗於乳頭，小兒於食乳同時，不覺中吃了藥，病就痊癒了。真言宗或世間成就法，都是如此地組織起來的。

如斯應機處變，以種種方便說示，一化五十年所說的法，結集

四阿含與隨機說法

起來者，就是《四阿含經》及其他契經。其中有說非，亦有說有，似乎矛盾不統一，但這都是應病投藥所說的法。如果矛盾不統一，那即是為度種種人，於不同的立場或境遇，令其成就的教化手段，其中有佛之真精神始終貫通着。

教化與方便

為度化眾生，從各個立場教化成就他們，是極重要的。把握了密教精神之概念，倘若沒有盡其可能地成就一切方便智，就沒有辦法實行民眾教化事業，密教精神就沒有辦法具現於社會生活上。為此密教根本經典《大日經》即特別強調成就一切的方便智：「以方便為究竟。」

大日經佛之化義

又《大日經》教示了佛自證以後，為開演密教精神，以方便法將之分布於一切有情。依種種之職業，種種之性向，應現種種教養，教示了如何教化眾生之真實際。如「若有眾生以佛而得度者即現佛身以度之，或現沙門身或現緣覺身、或菩薩身、或梵天身、或那羅延、毘沙門，乃至摩睺羅伽，人非人等現身度之」以說示之。

教化與一貫性

於這方面來觀察，密教行人依時、依地可以時而說婆羅門教之道；時而言天主教、基督教之法；或禪、淨土。及新興宗教如日本之日蓮、孝道、佼成、靈道、天理或中國之儒教等等。無論什麼方便道均「不得忘記把密教精神發揮傳達」。晃晃輝輝的灼火由布教者之心燃起，傳遞密教精神，穿破各個被遮蔽的靈，令其得到光明成就全一。

大師之十住心與教化

弘法大師建立「十住心」前九種住心，以包容密教住心以前之宗教體驗。未得到密教精神以前，前九種住心與密教無關。但是體認到密教精神以後，這等住心不外都是體得密教精神之前提，無一不是密教精神之成就的當體其物。

教化之種類

教化雖說以口說布教或文書傳道為主要。但於欲真正體得密教精神言，即以通過救貧或防貧等社會事業；或以書畫、漢詩、唱歌、音樂等藝術；或茶道、插花、法會等方式去完成，此等均可得到教化功績。以祈禱或灌頂法會，追善會等儀式，亦能充分發揚傳教。

佛教之福利事業與教化

以社會事業來說，印度早已有貧民救濟、架設橋樑、施藥療病等福田事業。於中國南齊竟陵之文宣王及梁武帝等，於國內施設給孤獨園，即今之孤兒院。日本聖德太子建四天王寺，於此中經營敬田、施藥、療病、悲田四院，都是通過社會事業，表達佛教教化的具體表現。現在台灣寺院經營這些事業者更多了，實是佛教之幸甚。

大師與社會事業

大師從弘仁十一年至十二年，於讚岐國之多度、宇多兩境，堰止三十六谷築萬濃池。十四年，於大和國開掘益田池，灌溉萬步町之作田，對農業貢獻甚巨。於九州發掘石炭；於新瀉發見石油資工產業；於紀州之瀧神及讚岐的鹽之江探得溫泉以療病。又自中國傳承筆墨製法，對文化貢獻甚大。又淳和天長五年，於京都九條，建綜藝種智院教育貧民，開了民眾教育之先驅，遺留了許多業績於社會事業上。

社會教化與密教教化

此等社會事業，現在由國家或公共團體取代宗教家接手經營。但並非這些社會事業當體就是密教教化事業，而只是通過這些社會事業，具體地活現密教精神的。由此始有密教教化事業特質的發揮。

密教教化與祈禱

又密教不但有精神性的、宗教性的祈禱，還有物慾性的祈禱。上祈國泰，下求民安，為政躬康泰及民眾之息災延命，除難招福，修種種祈禱法。此即行者入於無念無想一念堅持的狀態下，而與貫天地之大生命力相接觸。於其間感應道交，把握一大神秘之力，發揚種種之靈驗的結果。若然，加以惡用即會惹起迷信，而毒害社會不淺了。但以成就一切，徹底保握密教精神真髓者看，巧妙地活用，對於密教教化的施予上言，其效果無有過於此者。所以修密法的行者，必需了解密教精神或目的。很多不明此理者，大吹法螺，獨自創設與外道合參，騙人欺己，真是入地獄如矢射，可不慎乎！

其他之密教教化事業

其他密教教化事業，如結緣灌頂、莊嚴之法會儀式等，在此種目的下盛大地舉行也未嘗不可。為亡靈超薦，通過追善法會普及教化。無論如何，都要從近處起，依人、依地、依境去表現來充實教化。一個具有充實體證內容，而燃燒密教精神者，何時何處都盈溢着教化機會。其具現上，無處不是大光明遍照之地，無一非全一的大日如來法身，到處都是真佛君臨之所。

密教思想與生活

譯者

大僧正 哲學博士 釋悟光上師

光明王寺香港分院

地址：香港銅鑼灣軒尼詩道 417-421 號（海外大廈 3 字樓）

電話：28919888．28336765

編輯

梁美媚

美術統籌及設計

Amelia Loh

出版者

圓方出版社

香港北角英皇道 499 號北角工業大廈 18 樓

營銷部電話：(852) 2138 7961

電話：2138 7998

傳真：2597 4003

電郵：marketing@formspub.com

網址：http://www.formspub.com

http://www.facebook.com/formspub

發行者

香港聯合書刊物流有限公司

香港新界大埔汀麗路 36 號

中華商務印刷大廈 3 字樓

電話：2150 2100

傳真：2407 3062

電郵：info@suplogistics.com.hk

承印者

亨泰印刷有限公司

香港柴灣利眾街 27 號德景工業大廈 10 樓

出版日期

二〇一四年三月第一次印刷

ISBN 978-988-8237-88-3

Published in Hong Kong